GRÖNLAND
(Dänemark)
Polarkreis
Baffin Island
Nuuk
Iqaluit
Hopedale
LABRADOR
Hudson Bay
L´Anse aux Meadows
Goose Bay
NEUFUNDLAND
Labrador City
Gander
Gros-Morne-
Nationalpark
QUEBEC
Corner Brook
Saint John´s
Sept-Îles
ONTARIO
Cape Breton
Montmorency-
Wasserfall
St.-Lorenz-Strom
PEI
PRINCE EDWARD ISLAND
Timmins
NB
NEW BRUNSWICK
Quebec City
Halifax
Thunder Bay
Lunenburg
Montreal
Bay of Fundy
NOVA SCOTIA
Ottawa
Fredericton
Toronto
Boston
Atlantischer Ozean
Lake Huron
Lake Ontario
Niagarafälle
Lake Michigan
Chicago
New York
Lake Erie

Gebrauchsanweisung für Kanada

Sonya Winterberg

Gebrauchsanweisung für Kanada

PIPER

Mehr über unsere Autor*innen und Bücher:
www.piper.de

Inhalte fremder Webseiten, auf die in diesem Buch (etwa durch Links) hingewiesen wird, macht sich der Verlag nicht zu eigen. Eine Haftung dafür übernimmt der Verlag nicht.

Unser Versprechen für mehr Nachhaltigkeit
• Klimaneutrales Produkt
• FSC®-zertifiziertes Papier
• Hergestellt in Europa

FSC www.fsc.org
MIX
Papier aus verantwortungsvollen Quellen
FSC® C083411

ISBN 978-3-492-27725-9

Karte: Cartomedia, Karlsruhe
Satz: Fotosatz Amann GmbH & Co KG, Memmingen
Gesetzt aus der Bembo und der Trade Gothic
Litho: Lorenz & Zeller, Inning am Ammersee
Druck und Bindung: CPI books GmbH, Leck
Printed in the EU

Für Heiko

Voyager, c'est toujours une bonne idée!

Inhalt

Die Welt braucht mehr Kanada!

Kanada ist seit jeher ein Sehnsuchtsort für Abenteurer, Pioniere und Weltenbummler. Dabei ist es nicht nur ein großartiges Land, es ist in der Tat riesig! Immerhin macht es mehr als die Hälfte Nordamerikas aus. Wer mit dem Auto vom Atlantik bis an den Pazifik fahren möchte, ist etwa zwei Wochen unterwegs – reine Fahrzeit. Häufig findet sich Kanada in den »Top 10« der beliebtesten Reiseländer, denn es bietet für jeden Geschmack etwas: unberührte Natur, atemberaubende Nationalparks und einzigartige Landschaften wie die Niagarafälle oder die Rocky Mountains, unzählige Seen, den Atlantik, den Pazifik und das Eismeer. Dazu Sportmöglichkeiten zu jeder Jahreszeit, entspannte Metropolen und malerische Kleinstadtidylle, lukullische Genüsse, sprachliche wie kulturelle Vielfalt und Tausende Kilometer Landstraße für ausgiebige Touren mit dem Motorrad und dem Wohnmobil. Oder aber aufregende Schiffspassagen und tagelange Eisenbahnreisen, Segeltörns und Wasserflugtaxen. Wie kein zweites Land wird Kanada nie langweilig – immer neue Facetten eröffnen sich dem Reisenden, egal, wie gut er das Land kennt.

Doch der wahre Schatz Kanadas sind die Menschen. Wo der Reisende an jeder Ecke Abenteuer wittert, bleibt der Kanadier ruhig und gelassen. Selbst für hungrige Eisbären, die auf der Suche nach Nahrung in Siedlungen eindringen, bringt er noch Verständnis auf – ohne dabei je die Gefahr zu unterschätzen. Die Natur wird nicht überhöht, sondern als Lebensraum gesehen, der für die Zivilisation gewonnen und urbar gemacht werden muss. Nirgendwo wird dies heute sichtbarer als an den Baustellen des rund 8000 Kilometer langen Trans-Kanada-Highways, wo kilometerweit Felsen weggesprengt und die Steine auf Monstertrucks abtransportiert werden.

Einerseits prägt die kanadische Mentalität ein Pioniergeist, der an die Goldgräber und Siedler voriger Jahrhunderte erinnert und die Nutzbarmachung des rauen Landes überhaupt erst möglich gemacht hat. Andererseits gelten die Kanadier als rücksichtsvoll und kein bisschen hemdsärmelig, womit sie sich deutlich von ihren US-amerikanischen Nachbarn unterscheiden. Denen bleiben die Kanadier mit ihren Wertvorstellungen und ihrer Selbstironie meist ein Rätsel. Ein kanadischer Witz geht so: Ein amerikanischer Junge fragt seine Mutter: »Wer sind eigentlich diese Kanadier?« Sie antwortet: »Kanadier sind bedauernswerte Leute mit staatlicher Krankenversicherung und ohne Waffen.«

Als bedauernswert würden sich die Kanadier selbst natürlich nie bezeichnen, vielmehr als bescheiden und dem Gemeinsinn verpflichtet. Fast schon legendär ist ihre Neigung, sich für alles Mögliche zu entschuldigen, oft auch in vorauseilendem Gehorsam, worüber sich etliche Ausländer (und gelegentlich auch die Kanadier selbst) gerne lustig machen. Allerdings sollte der Reisende dabei vor Augen haben, dass von ihm keineswegs erwartet wird, die Entschuldigung nur hinzunehmen. Vielmehr sollte er entweder seinerseits um Verzeihung bitten oder sich um doppelte Rücksichtnahme bemühen.

Ich lebe mit meiner Familie in Nova Scotia an der Ostküste in einem Hochhaus mit sechzig Apartments. Anonym geht es hier dennoch nicht zu. Einmal kam ich in unsere Tiefgarage und fand die Fahrertür meines Autos zugeparkt vor. Umständlich kletterte ich von der anderen Seite hinein und fluchte leise vor mich hin, ohne die Eigentümer des benachbarten Stellplatzes persönlich zu kennen. Auch das Abstellen des Wagens bedurfte später besonderer Fahrkünste. Tags darauf hing ein Zettel am Scheibenwischer: »Entschuldigen Sie vielmals, dass wir Sie so blockiert haben. Meinem Mann ging es nicht gut, und er schaffte es nicht mehr, unser Auto richtig einzuparken.« »Kein Problem«, schrieb ich auf die Rückseite des Zettels, »ich hoffe, es geht ihm wieder besser. Bitte zögern Sie nicht, sich zu melden, wenn Sie unsere Hilfe brauchen.« Am Tag darauf war Saint Patrick's Day, der 17. März. Zu Feiertagen wie diesem wird die Lobby unseres Gebäudes von den Damen der Eigentümergemeinschaft geschmückt. Traditionell gibt es einen kleinen Empfang mit grüner Bowle, grünem Bier und irischer Musik. Wieder hing ein Zettel der Parknachbarn an meiner Windschutzscheibe: »Wir hoffen, Sie kommen auch?« Als wir uns schließlich dort begegneten, war das Erste nach der Begrüßung natürlich eine erneute Entschuldigung …

Der Schauspieler Dan Aykroyd, bekannt aus Kinofilmen wie *Blues Brothers* und *Ghostbusters*, erklärt die permanenten Entschuldigungen so: »Es tut mir leid, ich lebe im großartigsten Land der Welt. Es tut mir leid! Es tut mir leid, aber Kanadier entschuldigen sich nun mal so viel, weil wir wissen, dass wir die Größten sind. Sorry!«

Das freundlichste Land der Welt

If there is one thing I love about Canada –
it's the fact that at least ONE person will shout
›You can do it!‹ when I run for the bus.
– Unbekannt

Ich bin im Laufe meines Lebens in allen möglichen Ecken der Welt herumgekommen. Dennoch glaube ich, dass die Kanadier die freundlichsten Menschen überhaupt sind. Mit einer solchen These ernte ich meist erst einmal Widerspruch. In Deutschland höre ich in der Regel zuerst, dass hier auch nicht alles schlecht sei (was ich gar nicht behaupte). Oder dass in Skandinavien die Menschen am zufriedensten sind oder dass Bhutan das Glück seiner Bürger zum Staatsziel habe. Nichts davon ziehe ich in Zweifel, bleibe aber dennoch bei meiner Aussage. Dabei sind es gar nicht so sehr einzelne Vorkommnisse, die sich so auch anderswo ereignen könnten, sondern es ist vielmehr die Summe daraus. Wenn ich jetzt ein paar Beispiele gebe, so wird es dieser am Ende des Buches wahrscheinlich gar nicht mehr bedürfen, und erst recht nicht, wenn Sie selbst eine Weile in Kanada unterwegs sind.

Unser Freund Dave wohnt am Ende einer Sackgasse. Um den Wendehammer stehen mehrere Häuser, die meisten werden von jungen Familien bewohnt. Wenn es schneit, ist Dave morgens immer der Erste, der den Schnee schippt. Allerdings nicht nur vor seiner Tür. Jeden Tag räumt er reihum noch die Einfahrt eines weiteren Nachbarn frei. »Ich habe Zeit, es ist gut für die Fitness, und die Nachbarn freuen sich immer, wenn sie morgens noch ein paar Minuten mehr mit ihren Lieben haben«, erklärt er. Weder steckt dahinter irgendein Plan, noch zwingt ihn jemand – Dave ist einfach ein Nachbar, wie man ihn sich wünscht. Und das ist für mich ebenso typisch Kanada wie jener Bekannte aus einer recht begüterten Gegend, für den vorbeikommende Spaziergänger kein Sicherheitsrisiko sind, sondern Gäste. Im Sommer stellt er deshalb im Schatten der Bäume vor seinem Bungalow eine Bank zum Ausruhen auf, dazu einen gefüllten Wassernapf für Hunde und daneben einen kleinen öffentlichen Bücherschrank.

In manchen kanadischen Geschäften sind die Kassiererinnen oft zusätzlich damit beschäftigt, Waren einzusortieren oder Kunden zu beraten. Da kommt es schon mal vor, dass die Kasse eine Weile unbesetzt bleibt. In diesem Fall hinterlässt der eilige Kunde dort einfach den korrekten Betrag. Kaum jemand käme auf die Idee, das abgezählte Geld zu stehlen. Andere wiederum, die mehr Zeit haben, stellen sich geduldig an, ohne nach der Kassiererin zu rufen oder von einem Fuß auf den anderen zu treten.

Gleich zu Beginn der Coronapandemie wurde auch in Halifax deutlich, dass das öffentliche Leben weitgehend zum

Erliegen kommen würde. Die hiesigen Tafeln (engl. *food banks*) und Ausgabestellen der Kirchengemeinden mussten schließen. Als ich eines Morgens an meinem Lieblingscafé vorbeikam, standen eine Reihe Plastikboxen mit allerlei haltbaren Lebensmitteln, außerdem Seife und Toilettenpapier vor dem Schaufenster. Darüber hing ein Zettel: »Bitte nehmen Sie sich, was Sie brauchen. Teilen Sie mit anderen. Danke schön!« Nach kurzer Zeit wurde das Angebot, insbesondere von Obdachlosen, gut angenommen. Doch die dargebrachten Gaben wurden einfach nicht weniger – im Gegenteil! Immer mehr Anwohner begannen, das Café in seinem Ansinnen zu unterstützen, und legten ebenfalls nützliche Dinge dazu.

Dieses Verhalten färbt natürlich ab. Wenn ich eine Möglichkeit sehe, meinen Mitmenschen das Leben zu erleichtern, mache ich das mittlerweile beinahe automatisch. Einmal setzte ich meinen Mann im Winter in aller Herrgottsfrühe am Flughafen in Halifax ab. Die Straßen waren vereist, und ich wollte so schnell wie möglich wieder nach Hause. Plötzlich lief direkt vor der Abflughalle ein junger Mann mit schwerem Gepäck mitten auf die Straße und rannte offenbar einem Auto hinterher. Es war eine urkomische Szene, wie er sich abmühte, der Rucksack ihn zurückhielt, ihm die Tasche fast abhandenkam, sein Atem in der kalten Winterluft weithin sichtbar. Fast schien er den Wagen einzuholen, als dieser schließlich doch davonfuhr. Völlig erschöpft und verzweifelt stand er nun am Straßenrand, als sowohl ein Taxi als auch ich anhielten und fragten, ob wir helfen könnten. Der junge Mann hieß Josh und hatte das Mobiltelefon samt elektronischer Bordkarte im Auto seines Bruders vergessen, der ihn zum Flughafen gebracht hatte. Während ich Josh einsteigen ließ und ihm mein Handy gab, wollte der Taxifahrer versuchen, den Bruder noch einzuholen. Schließlich gelang es uns, den Bruder zu erreichen und das Mobiltelefon zurückzubekommen. Am Ende bedankte sich Josh überschwänglich und betonte, wie froh er sei, dass er in Nova Scotia immer auf die Hilfe fremder Leute zählen könne. Hier passt man eben aufeinander auf.

Tatsächlich ist unter den Kanadiern die Ansicht weitverbreitet, dass in Nova Scotia die nettesten Menschen leben. Doch fragt man diese selbst, erntet man Widerspruch. Nein, sagen sie, die Neufundländer sind noch viel freundlicher …

Die atlantischen Provinzen – oder: Wo alles begann …

A mari usque ad mare.
– Kanadisches Staatsmotto*

Nur damit Sie nicht auf falsche Gedanken kommen: Mit Neufundländer, kurz »Newfie«, ist keineswegs der wuschelige Riesenhund gleichen Namens gemeint, der kaum noch auf Neufundland vorkommt, aber durchaus auch ein freundlicher Zeitgenosse ist! Nein, die Neufundländer an sich, also die Menschen, gelten als ausgesprochen freundlich. Oder, um Yvonne, die Kellnerin und Neufundländerin meines Vertrauens, zu zitieren: »In Neufundland käme niemand auf die Idee, an der Haustür zu klingeln oder zu klopfen. Man öffnet die Tür einfach, geht rein und weiß, dass da immer eine Tasse Tee auf einen wartet.« Dabei hört sich ihr »Newfoundland« ganz anders an, als die meisten englischen Muttersprachler es aussprechen würden. In Kanada wird die Provinz

* Dt. *Von Meer zu Meer*, abgeleitet von Psalm 72,8

nämlich etwa so ausgesprochen wie bei uns Finnland: *New-finn-land.* Wenn Sie das beherrschen, steht Ihrer Einbürgerung fast nichts mehr im Wege. Doch nicht ganz so schnell: Zuerst noch ein paar Details zur Orientierung.

Um Ihnen zu verdeutlichen, wie weitläufig Kanada ist, entführe ich Sie erst einmal auf eine Reise quer über den Kontinent. Kanada besteht aus zehn Provinzen und drei Territorien. Das zweitgrößte Land der Erde besitzt in etwa die Fläche Europas und erstreckt sich vom Atlantik bis zum Pazifik über sechs Zeitzonen. Erst 2012 wurden die letzten topografischen Karten der kanadischen Arktis fertiggestellt, während die Unterwassergebiete noch lange nicht vollständig vermessen sind. Auf einen Quadratkilometer kommen etwa drei Menschen, wobei achtzig Prozent der gut 37 Millionen Einwohner innerhalb eines Gürtels von knapp 200 Kilometern Breite entlang der US-Grenze in den urbanen Zentren rund um Montreal, Toronto und Vancouver leben.

Im Nordosten des Landes ist Kanada Europa am nächsten: An der Meerenge des sogenannten Kennedy-Kanals ist die nördlichste kanadische Insel, Ellesmere Island, gerade einmal dreißig Kilometer vom dänischen Autonomiegebiet Grönland entfernt. Südlich von Neufundland gibt es außerdem ein Überbleibsel der französischen Kolonie Neufrankreich: die Inselgruppe Saint-Pierre-et-Miquelon, die zur EU zählt und wo der Euro die offizielle Währung ist. Mit den USA teilt Kanada die weltweit längste Landgrenze zwischen zwei Staaten. Dabei verläuft diese nicht nur auf dem nordamerikanischen Kontinent, sondern führt auch über maritime Bereiche im Atlantik, Pazifik, Nordpolarmeer sowie über die Großen Seen und umfasst 8891 Kilometer mit 120 Grenzübergängen. Die Küste ist die längste der Welt. Würde man die rund 243 000 Kilometer zu Fuß erwandern, wäre man gut 33 Jahre unterwegs. Kanada, das auch den Spitznamen »The True North«, der wahre Norden*, trägt, liegt im Wesentlichen oberhalb des 49. Breitengrades (engl. *49th parallel*), worauf in Musik und Literatur häufig Bezug genommen wird.

Die meisten Reisenden, die aus Europa mit dem Flugzeug nach Kanada kommen, sehen auf der Landkarte im Flieger zunächst Neufundland und dort die Orte Gander und Saint John's markiert, von denen sie im Normalfall noch nie gehört haben. Gander ist mit seinen rund 11 000 Einwohnern eine Kleinstadt und doch weitaus bekannter als Saint John's, das immerhin die Provinzhauptstadt von Neufundland und Labrador ist und mit Eingemeindungen auf 220 000 Einwohner kommt. Auch USA-Reisende, die nie einen Fuß nach Kanada gesetzt haben, kennen Gander meist durch den Flug über die Great Circle Route, die direkte Strecke über den Nordatlantik nach Amerika. Ohne seinen Flughafen gäbe es Gander heute gar nicht. Der Ort entstand als Siedlung für die Planer des Flughafens und Arbeiter der Großbaustelle mitten in der Wildnis. Als 1936 mit seinem Bau begonnen wurde, hatte man im Gegensatz zu den meisten anderen Airports auf der Welt keinerlei städtische Anbindung. Weshalb also ausgerechnet hier einen Flughafen bauen? In den frühen Jahren der Luftfahrt war die Reichweite der Flugzeuge weitaus geringer, und es gab noch keine Direktflüge in die USA. So wurde Gander als nordöstlichster Punkt in Nordamerika zum Zwischenstopp von und nach Europa, an

* Die Bezeichnung geht auf ein Gedicht von Lord Tennyson mit dem Titel *To the Queen* zurück, worin »The True North strong and free« den königstreuen, loyalen Norden meint. Das Gedicht diente auch als Vorlage für Kanadas Nationalhymne *O Canada!*

dem die Maschinen auftankten. Das Erstaunliche: Als der Flughafen 1938 in Betrieb genommen wurde, galt er mit seinen vier gepflasterten Start- und Landebahnen als der größte seiner Zeit. Und bis heute ist er der Brückenkopf zwischen Alter und Neuer Welt, der häufig für Notlandungen im Falle medizinischer oder technischer Vorkommnisse genutzt wird. Zu Weltruhm gelangte Gander am 11. September 2001, als binnen kürzester Zeit der Flugraum über Nordamerika erstmals komplett geschlossen wurde und alle Maschinen, die zu diesem Zeitpunkt in der Luft waren, notlanden mussten. Innerhalb weniger Stunden strandeten 38 Flugzeuge mit rund 7000 Passagieren in Gander. Niemand wusste, wie lange sie dort festsitzen würden. Die Einwohner dieser kleinen Stadt liefen in jenen Tagen zur Höchstform auf, was inzwischen in einem preisgekrönten Musical mit dem Titel *Come from Away* verarbeitet wurde. Im dazugehörigen Dokumentarfilm *You Are Here – A Come From Away Story* treten auch deutsche Zeitzeugen auf, darunter die frühere Frankfurter Oberbürgermeisterin Petra Roth, die 9/11 ebenfalls in Gander gestrandet war. Für unseren Überblick über die Weiten Kanadas nehmen wir nun jedoch die Fähre von Port aux Basques nach Sydney im Norden der Provinz Nova Scotia.

Nova Scotia lässt sich grob in zwei Regionen unterteilen. Der nördliche Teil, in dem die Hafenstadt Sydney liegt, ist die atemberaubend schöne Insel Cape Breton, die im Süden nur durch einen schmalen, künstlich errichteten Damm mit der restlichen Halbinsel verbunden ist. Cape Breton ist in den letzten drei Jahrzehnten zu einem bevorzugten Ziel deutscher Auswanderer geworden, weshalb sich Erstbesucher meist verwundert die Augen reiben. Ein Laden am Straßenrand preist »deutschen Kuchen« an, ein anderer daneben wirbt für »Indianerkunst«. Die englische Übersetzung steht deutlich kleiner darunter. Andere deutschsprachige Tafeln werben mit »Neusiedler-Beratung« oder »Deutschsprachiges Notariat – Faire Beratung – Sicheres Investment«. Das kleine Yellow Seabird Bed & Breakfast im pittoresken Städtchen Saint Peters ist ebenso in deutscher Hand wie Carmen's German Bakery zwei Häuser weiter.

Cape Breton ist seit Langem ein touristisches Traumziel. Der berühmte Cabot Trail führt 300 Kilometer an dramatischen Steilküsten vorbei, durchquert malerische Highlands, Gletschertäler und düstere Moorlandschaften. Benannt ist er nach John Cabot, dem nach den Wikingern ersten Entdecker der Küste Nordamerikas. Der Bras d'Or, ein landschaftsprägender See im Inselinnern, hat die zweieinhalbfache Größe des Bodensees. In den Sommermonaten wird er von Reisenden umkreist, den Rest des Jahres bleiben die Steinadler unter sich. Die Menschen hier sind freundlich und ausgeglichen, die Kriminalitätsrate ist so gering, dass viele ihre Häuser nicht abschließen und den Zündschlüssel im Auto stecken lassen. Der weltberühmte Fotograf Robert Frank lebte bis zu seinem Tod 2019 ebenso hier wie heute noch der Komponist Philip Glass. Die Cape Breton University belegte über Jahre hinweg Platz eins im Ranking der besten Hochschulen Kanadas.

Wer die Abgeschiedenheit sucht, ist hier genau richtig. Cape Breton ist halb so groß wie Hessen – dort kommen 300 Einwohner auf einen Quadratkilometer, hier sind es gerade einmal dreizehn. Das ist Fluch und Segen zugleich. Die Wirtschaft liegt brach, Subventionen fließen spärlich. Wer vom Tourismus leben will, hat mit dem rauen Klima und dem kurzen Sommer zu kämpfen. Die Gegend zählt zu den einkommensschwächsten in Kanada und wird dazu noch jedes Jahr um etwa tausend Einwohner ärmer.

Dafür kommen die Deutschen. Den Boden bereiten ihnen häufig die sogenannten Landerschließer. Diese kaufen brachliegendes Land, das die Insel im Überfluss hat, teilen es in Parzellen und veräußern es – nicht selten überteuert – an unbedarfte Neusiedler weiter. Der erste Deutsche unter ihnen war wohl der gelernte Automechaniker und Landwirt Rolf Bouman, gleichermaßen fasziniert von Karl May und den realen Spuren der indigenen Urbevölkerung, auch First Nations genannt. Als Landerschließer machte er ein Vermögen, welches er nun zu einem Teil in seine »Sammlung zeitgenössischer indianischer Kunst« sowie ein Kulturzentrum einbringt. Seinen Kollegen und Konkurrenten Frank Eckhardt bezeichnete der »Spiegel« 2020 als Verschwörungsideologen. Er misstraut allem, was Staat ist, und propagiert eine weitgehend autarke Lebensweise. Unter dem Begriff »off the grid« ist diese in Kanada sehr viel weiter verbreitet als in Deutschland, ohne ideologischen Überbau. Eckhardt dagegen ist das Paradebeispiel für eine besorgniserregende Strömung mit rechtsradikalem Hintergrund.

Fernweh und Indianerromantik haben die Pioniere unter den Auswanderern angetrieben. Mittlerweile ist jedoch häufig eine apokalyptische Sicht auf die vermeintlichen Zustände in Deutschland und der EU der Grund. Viele glauben, dass die Europäische Union kurz vor dem Kollaps steht, das Währungssystem zusammenbricht und Deutschland durch unkontrollierte Migration unregierbar wird. So ist es vielleicht kein Zufall, dass unter den deutschen Einwanderern auf Cape Breton auch die ehemalige *Tagesschau*-Sprecherin und Talkmasterin Eva Herman zu finden ist. 2007 hatte ihr die ARD wegen verharmlosender Äußerungen zum Dritten

Reich die Zusammenarbeit aufgekündigt. Jetzt verbreitet sie gemeinsam mit ihrem Lebensgefährten Andreas Popp von der anderen Seite des Atlantiks aus unter dem Label »Wissensmanufaktur« im Internet rechtspopulistische Thesen und Verschwörungstheorien. Seit vielen Jahren veranstaltet das Paar jeden Sommer auf Cape Breton Seminare zu verwandten Themen und wirbt zugleich für das Leben auf der Insel.

Freilich ist Cape Breton keineswegs auf dem Weg in ein rechtslastiges Utopia. Die Ortsansässigen buhlen mit vielen Methoden erfindungsreich um Neuansiedlung. So wandte sich ein hiesiger Radio-DJ während des US-Wahlkampfes 2016 an unzufriedene Amerikaner und landete mit dem Slogan »Cape Breton if Trump wins« (dt. *Kommt nach Cape Breton, falls Trump gewinnt!*) einen viralen Hit in den sozialen Netzwerken. Und als dem kleinen Laden Farmer's Daughter, einer Mischung aus Bauernmarkt und Eiscafé, das Personal ausging, wurde Bewerbern, die sich eine Umsiedlung vorstellen konnten, neben dem Gehalt ein Hektar Land versprochen. Es meldeten sich über 400 000 Interessenten aus aller Welt.

Die Aussprache der Provinz Nova Scotia bereitet einigen Probleme, und der Name zieht immer die Frage nach sich, was er denn bedeute: Tatsächlich ist er Lateinisch für Neuschottland und geht auf William Alexander, den ersten Earl of Stirling, zurück. Der war ein schottischer Höfling und Dichter und ließ 1621 den Namen erstmals in einer königlichen Urkunde verwenden, die ihm das Recht zur Besiedelung von Kanadas Ostküste gab. Ausgesprochen wird Scotia nicht etwa »Skotzia«, wie es sich so mancher mühevoll abringt, sondern ganz weich und lieblich »Skohscha«.

Das Gebiet des heutigen Nova Scotia war zum Zeitpunkt seiner »Taufe« bereits seit Tausenden von Jahren von Stämmen der Mi'kmaq besiedelt. Franzosen gründeten dann 1605 ihre erste Siedlung an der Westküste, Port Royal, die spätere Hauptstadt ihrer Kolonie Akadien. Nach wie vor gibt es akadische Dörfer in Nova Scotia, in denen hauptsächlich Französisch gesprochen wird, wobei Schotten, Iren und Deutsche ab dem 18. Jahrhundert im Wesentlichen die Geschichte der Provinz geprägt haben. Halifax ist das Verwaltungszentrum und bildet mit der ehemaligen Nachbarstadt Dartmouth sowie weiteren Eingemeindungen seit 1996 einen Großraum mit heute knapp 450 000 Einwohnern. Halifax ist nach Vancouver die zweitgrößte Küstenstadt Kanadas und der größte Ballungsraum in den atlantischen Provinzen, zu denen neben Neufundland & Labrador Nova Scotia, New Brunswick und Prince Edward Island zählen.

Nova Scotia ist die Heimat des Hummers (engl. *lobster*), den es hier ganzjährig gibt, unzähliger Leuchttürme sowie dramatischer Felsformationen entlang der Küste.

Im Westen der Provinz liegt die Bay of Fundy, über die man mit Fähren nach Maine/USA und in die Nachbarprovinz New Brunswick übersetzen kann. Bei einem angenehm milden Seeklima strömen hier zweimal täglich rund hundert Milliarden Tonnen Wasser in die Bucht, was ein beeindruckendes Naturspektakel darstellt. Am östlichen Ende der Bucht steigt der Meeresspiegel bei Flut um bis zu fünfzehn Meter an und erreicht somit den weltweit höchsten Tidenhub, den man von Advocate Harbour (Nova Scotia) und einer Aussichtsplattform in Moncton (New Brunswick) beobachten kann. Am aufregendsten sind jedoch Ausflüge auf das Wasser: Ausgebildete Führer bieten Flutwellenrafting an, was nur für Nervenstarke zu empfehlen ist. Für das innere Kind bieten sich Touren mit Matschrutschen (engl. *mud sliding*) bei Niedrigwasser an, was weitaus lustiger ist, als man beschreiben kann.

Am nördlichen Ende der Bucht führt eine schmale Landbrücke von der Halbinsel Nova Scotia aufs Festland nach New Brunswick. Der Name hat jedoch wenig mit deutschen Siedlern aus Braunschweig zu tun, sondern stammt aus der Zeit kurz nach der Unabhängigkeitserklärung der USA von Großbritannien. Damals kamen gut 14 000 Loyalisten, die der englischen Krone treu bleiben wollten, in die Gegend und gründeten die Stadt Saint John (nicht zu verwechseln mit Saint John's auf Neufundland). Für die Angehörigen der First Nations, hauptsächlich Mi'kmaq und Maliseet, bedeutete der plötzliche Bevölkerungsanstieg de facto die Verdrängung. 1784 erhielten die Loyalisten in Abgrenzung zu Halifax einen eigenen Kolonialstatus und wurden nach dem welfischen Fürstenhaus Braunschweig benannt, aus dem König Georg III. stammte. Die Hauptstadt Fredericton erhielt ihren Namen nach dem zweiten Sohn des Königs, Prinz Friedrich August, dem Herzog von York und Albany.

New Brunswick ist, was wenige wissen, die einzige offiziell zweisprachige Provinz Kanadas. Etwa zwei Drittel der Bevölkerung zählen sich zu den Englischsprachigen, der Rest zu den Frankofonen, wobei auch ein Drittel angibt, zweisprachig zu sein.

Einerseits ist New Brunswick ein bisschen wie das hässliche Entlein. Ein vergessener Landstrich, der, obwohl er am Meer liegt, außer unendlichen Wäldern kaum etwas zu bieten scheint. Gerne wird er auch als Transitprovinz (engl. *drive-through province*) bezeichnet. Am Anfang der Pandemie wurde sogar gescherzt, dass selbst das Coronavirus hier nur auf der Durchreise nach Nova Scotia sei, weil das Infektionsgeschehen so rasch abebbte. Doch damit tut man New

Brunswick unrecht. Weit häufiger als in anderen Provinzen leben die Menschen hier nicht hauptsächlich in den größeren Städten, sondern etwa zur Hälfte auf dem Land und in den Wäldern. Grundbesitz ist günstig zu erwerben, und so haben sich eine Reihe alternativer Lebensformen etabliert, die von der Tiny-Home-Bewegung bis hin zu dörflichen Kommunen vieles ausprobieren.

Leland und Tegan Wong-Daugherty siedeln in Knowlesville, einem Dorf, das so weit ab vom Schuss ist, dass es quasi keine öffentliche Anbindung mehr gibt. Das Paar hat vier Kinder und lebt zu hundert Prozent den Traum von Gemeinschaft und Nachhaltigkeit. Ihre Überzeugung hat ihnen eine gewisse Berühmtheit verschafft, denn sie verschenken Land. Vater Leland erzählt gerne, dass die First Nations ihre Vorbilder sind: »Der Verkauf von Land ist ihnen fremd. Die Erde gehört allen, und daher sind auch wir der Meinung, dass jeder auf dieser Welt das Recht auf ein bisschen Land hat, auf dem er ein Haus bauen und von dem er sich ernähren kann. Es ist wie das Recht, Luft zu atmen und Wasser zu trinken.« Als Leland und Tegan einem alten Mann ein Grundstück abkaufen wollten, schenkte er es ihnen, weil sie ihm sympathisch waren. Diese Geste legte den Grundstein für ihre Idee, eine Dorfgemeinschaft zu gründen, die dauerhaft nachhaltig ist. Genau genommen verschenken die beiden allerdings kein Land, sondern überschreiben denjenigen, die kommen und ein Jahr vor Ort leben und arbeiten, ein lebenslanges Nutzungsrecht. Die Flächen sind im Besitz einer Treuhand, denn damit wird verhindert, dass jemand Geld mit dem Land macht. Alles andere können die Nutzer selbst entscheiden.

Bis Ende der 1990er-Jahre war die kleinste kanadische Provinz, Prince Edward Island, häufig auch PEI abgekürzt, nur mit der Autofähre erreichbar. Das war einerseits hochromantisch, andererseits für die Bewohner, insbesondere im Winter, recht beschwerlich. Mit der Eröffnung der Confederation Bridge im Mai 1997 sollte auch der Fortschritt auf die bis dahin abgehängte Insel kommen. Bekannt ist die Gegend seit jeher für vier Dinge: den Kartoffelanbau, die Fischerei, die Geschichte von *Anne auf Green Gables* von Lucy Maud Montgomery, und nicht zuletzt gilt sie als die Wiege des kanadischen Föderalismus. Gerne wird auch darauf verwiesen, dass PEI die am dichtesten besiedelte Provinz Kanadas ist – mit sage und schreibe 25 Einwohnern pro Quadratkilometer! Deutschlands Einwohnerdichte kommt im Vergleich dazu auf das Zehnfache.

Die Insel besitzt durch ihre Lage im Sankt-Lorenz-Strom ein besonderes Mikroklima, das ihr mildere Temperaturen als dem Rest von Kanada beschert. Fruchtbare Böden und ausgeprägte Jahreszeiten, mit Temperaturen, die im Winter deutlich unter null fallen können, prägen die Landwirtschaft. Milde Atlantikströmungen bringen Hummer, Austern und Heringe in die hiesigen Fanggründe.

Zu den vielleicht spannendsten Persönlichkeiten auf der Insel gehörte viele Jahre John Lister. Er war ein umtriebiges PEI-Original und lebte allein auf seiner Farm, die er sich erst aufbaute, als seine Frau vor fast vierzig Jahren gestorben war. »Ich glaube nicht an die Rente. Das ist das Problem der modernen Zivilisation«, meinte der kauzige Bauer bei meinem Besuch auf der Insel, damals schon knapp neunzig Jahre alt. »Die Leute gehen in Rente und machen dann bis zu dem Tag, an dem sie in eine Kiste gelegt werden, gar nichts mehr.« Seine Rinder zu füttern fiel ihm nicht schwer. Er hatte Übung darin und hätte auch gar nicht gewusst, wie er den Tag sonst verbringen sollte. Die Woche über sah er kaum

Menschen, und am Wochenende las er die Wochenendausgabe der Zeitung oder auch mal ein Buch. »Ich koche und backe, worauf ich Lust habe. Und ich bin nie krank! Ich weiß gar nicht, was das ist, krank sein«, erzählte er. Neben der Rinderhaltung bewirtschaftete John über einen Hektar Land für Viehfutter und den Eigenbedarf. Sein Geheimrezept, bis ins hohe Alter gesund zu bleiben, war neben der Arbeit ein gemäßigter Lebenswandel. »Ich trinke nicht, ich rauche nicht, und ich esse nur das, was ich selbst herstelle.« Im Pandemiejahr 2020 starb John, wie er es sich immer gewünscht hatte: er schlief friedlich ein.

So wie John lebte, wird auch die Welt der Romanheldin Anne auf Green Gables beschrieben, die seit Generationen Mädchenherzen höherschlagen lässt. Doch dazu später mehr.

Historisch bedeutsam ist die Hauptstadt von PEI, Charlottetown, da hier 1864 die ersten Gespräche für einen möglichen Zusammenschluss verschiedener britischer Kolonien zur Kanadischen Konföderation geführt wurden. Um die Verhandlungen ranken sich einige Mythen. So soll ein Zirkus in der Stadt gastiert haben, der den Verhandlungsführern regelrecht die Show stahl. Zudem war Prince Edward Island mit dem Ergebnis nicht zufrieden und trat dem neuen Staat, der 1867 offiziell gegründet wurde, anfangs nicht bei. Nach einigem Hin und Her, bei dem unter anderem ein Beitritt zu den USA erwogen wurde, schloss sich PEI im Sommer 1873 dann doch Kanada an.

Francos und Anglos – unterwegs in Quebec und Ontario

Je me souviens
Que né sous le lys
Je croîs sous la rose.
– Eugène-Étienne Taché, Architekt (1836–1912)*

Von der kleinsten Provinz Kanadas geht es entlang des Sankt-Lorenz-Stroms (franz. *Fleuve Saint-Laurent*) in die größte, nach Quebec. Der imposante Fluss bildet den Zulauf von den Großen Seen zum Atlantik hin und ist von jeher bedeutsam für die hiesigen Ureinwohner, die ersten Fischer aus Europa sowie die großen Seefahrer. Der Name Quebec stammt ursprünglich aus der Sprache der Algonquin (*Kebec*) und bedeutet »wo der Fluss enger wird«. Anders als häufig vermutet wird, ist die Provinz nicht zweisprachig, sondern tatsächlich die einzige Kanadas, die nur Französisch als Amts-

* Dt. *Gedenken werde ich immer/Meiner Geburt unter der Lilie/Doch wuchs ich auf im Zeichen der Rose.* Die Lilie steht für die französische, die Rose für die englische Monarchie.

sprache hat. Somit ist Quebec das größte französischsprachige Gebiet außerhalb Frankreichs und stellt mit Sprache, Kultur und Institutionen eine eigenständige nationale Gemeinschaft innerhalb des Landes dar. Zwar gibt es in Montreal auch die englischsprachige McGill-Universität und die sogenannten Anglofonen, englische Muttersprachler, doch ist es nicht ungewöhnlich, dass manche Quebecer (franz. *Québécois*) überhaupt kein Englisch sprechen. Für sie ist Kanada häufig gleichbedeutend mit ihrer Provinz, in der immerhin gut acht Millionen Menschen leben.

Während die USA ihr Gold in Fort Knox lagern und die Briten ihre Kronjuwelen im Tower of London, gibt es in Quebec eine strategische Ahornsirup-Reserve (engl. *Global Strategic Maple Syrup Reserve*). Für gewöhnlich sind strategische Reserven zur Abfederung der weltweiten Rohstoffmärkte gedacht, doch in Kanada ist man für einen ganz anderen Ernstfall gewappnet. Was, wenn die Ernte ausfällt? Oder plötzlich die Nachfrage ins Unermessliche steigt? »Kein Problem«, so Serge Beaulieu, Präsident der Ahornsirup-Produzenten, des mächtigsten landwirtschaftlichen Verbands in Kanada. Böse Zungen behaupten, der Verband sei in Wahrheit ein Kartell. Beaulieu ist das gewohnt. »Wir handeln mit einem Rohstoff, der so wichtig ist wie Gold«, sagt er selbstbewusst. Da gäbe es auch Neider. Auf den großen Ahornsirupraub (engl. *The Great Canadian Maple Syrup Heist*) von 2012 angesprochen, kann aber auch er ein Schmunzeln nicht verbergen. Damals hatten Diebe über einen längeren Zeitraum rund tausend Tonnen Ahornsirup im Wert von zwanzig Millionen Euro gestohlen, was in etwa einem Viertel der damaligen Reserven entsprach. Ein Teil der Beute konnte schließlich sichergestellt werden, und den Anführern der Diebesbande wurde der Prozess gemacht.

Montreal ist nach Toronto die zweitgrößte Stadt Kanadas und hat auch aufgrund seiner kulturellen Identität einen besonderen Stellenwert. Auf einer Insel im Sankt-Lorenz-Strom gelegen, ist die Stadt einerseits vom Fluss, andererseits vom Mont Royal geprägt, einem rund 200 Meter hohen Hügelzug im Zentrum der Île de Montréal. Montreal war seit seiner Gründung eine Seefahrerstadt, in der sich verschiedenste ethnische Gruppen niederließen. Neben einer Vielzahl anerkannter First Nations, der französischen Mehr- und der anglofonen Minderheit gibt es Einwanderer aus ganz Europa, darunter Juden aus dem Osten, Portugiesen und Italiener, aber auch Libanesen, Perser, Inder, Vietnamesen und Chinesen. Abgesehen von den besten Bagels der Welt, zu denen wir noch kommen werden, gibt es keine Küche, die sich nicht auch in Montreal findet. Und im Sommer, wenn sich das Leben scheinbar nur auf der Straße abspielt, hört man aus dem Park Mont Royal weithin die Trommler, während der Duft exotischer Grillgerichte Lust auf immer neue kulinarische Abenteuer macht.

Westlich von Montreal, gleich hinter der Grenze zur Provinz Ontario, liegt Kanadas Hauptstadt Ottawa am gleichnamigen Fluss. Wie Quebec stammt dieser Name aus dem Algonquin (*Odawa*) und bedeutet »handeln«, was auf die einst wichtigste Handelsroute der Region zurückgeht. Der Ursprung der indianischen Namen ist mir deshalb so wichtig, weil diese deutlich machen, dass Kanada keineswegs nur ein zweisprachiges Land mit vielen Einwanderern aus aller Welt in jüngerer Zeit ist. Die kulturelle Vielfalt hat ihren Anfang in den unzähligen First Nations, die das Land immer schon geprägt haben. Dies zu achten und sich immer wieder vor Augen zu führen, ist inzwischen ein erklärtes Ziel der kanadischen Lebenseinstellung und sollte auch für Reisende selbstverständlich sein.

Ottawa ist mit rund einer Million Einwohner nicht nur Regierungszentrum, sondern auch ein beliebter Studien- und Ausbildungsort mit zahlreichen Universitäten und Forschungseinrichtungen. Außerdem ist die Stadt Heimat von sieben Nationalmuseen, darunter die National Gallery of Canada, das Canadian Museum of History, das Canada Science and Technology Museum und das Canadian War Museum. Jedes dieser Museen ist besonders und lohnt einen Besuch. Immer wieder beeindruckend und außergewöhnlich in seiner museumspädagogischen Arbeit ist das Letztgenannte. Die Rolle Kanadas in den Kriegen des 20. und 21. Jahrhunderts ist eng mit der deutschen Geschichte verflochten, und das Canadian War Museum bietet stets spannende neue Einblicke.

Auf unserer Reise von Neufundland bis Ontario haben wir nun schon 3000 Kilometer zurückgelegt. Ontario ist die bevölkerungsreichste Provinz, in der rund ein Drittel der Kanadier lebt, und was wäre es ohne Toronto? Während die Stadt auf viele Reisende eine ähnliche Faszination wie New York ausübt, haben Kanadier, die nicht dort leben, ein eher gespaltenes Verhältnis zu ihr. Natürlich gibt es an Toronto genauso viel oder wenig auszusetzen wie an anderen Metropolen, aber versuchen Sie gar nicht erst, jemanden aus Neufundland oder Alberta davon zu überzeugen – Sie wären zum Scheitern verurteilt. »DIE in Toronto …« ist mit Sicherheit eine der am häufigsten benutzen Phrasen außerhalb der Stadt. Während in anderen Ländern häufig ein Groll auf die Regierenden in der Hauptstadt gehegt wird, sind in Kanada eben die eingebildeten (und vermeintlich reichen!) *Torontonians* schuld daran, wenn im Land alles den Bach runtergeht.

In der Stadt selbst werden Sie nicht den Eindruck haben, dass hier vieles im Argen läge. Shopping und Restaurants mit internationaler Küche, Museen von Weltrang, Konzerte, Filmfestivals und Sportevents gibt es hier an 365 Tagen im Jahr, sofern nicht gerade eine Pandemie die Stadt lahmlegt. Was die Metropole von New York oder Los Angeles unterscheidet, davon wird gleich noch zu berichten sein. Mein Freund Michael behauptet, dass man über Toronto nur drei Dinge wissen muss: erstens, dass Eishockey, wie im Rest von Kanada, schlicht Hockey heißt und man sich als Tourist der schlimmsten Sorte outet, wenn man immer wieder von Ice Hockey spricht. Denn wo sonst soll man Hockey spielen, wenn nicht auf dem Eis? Zweitens, dass die beste, wichtigste und überhaupt großartigste Hockeymannschaft aller Zeiten die Toronto Maple Leafs sind. Und drittens, dass Sie, wenn Sie schon nicht von Hockey zu begeistern sind, wissen sollten, dass es sich bei den Toronto Blue Jays um die hiesige Baseballmannschaft handelt.

Wer sich ein paar Tage in Toronto aufhält, wird rasch merken, dass hier die kanadische Einwanderergesellschaft deutlich sichtbar ist. Wo der US-Amerikaner über das Konzept des »Melting Pot« oder der »Salad Bowl« streitet, hat der Kanadier den Flickenteppich (engl. *patchwork quilt*) beziehungsweise das Mosaik erfunden. Neukanadier werden als Menschen mit einer Geschichte und Kultur wahrgenommen, die es in die bestehende Vielfalt einzugliedern gilt. Von ihnen wird nicht erwartet, die eigene kulturelle Herkunft aufzugeben. Vielmehr sollen sie die Gesellschaft durch eine »neue Farbe« bereichern. Und dafür ist Toronto das beste Beispiel. Mehr als die Hälfte der Bevölkerung stammt aus einer äußerlich sichtbaren Minorität, und die Stadt verzeichnet Einwohner aus über 200 ethnischen Einzelgruppen. Während die Mehrheit Englisch als Muttersprache angibt, werden insgesamt mehr als 160 Sprachen gesprochen. Diese Vielfalt spiegelt sich auch in den Angeboten in Supermärkten und Restaurants, Bibliotheken und Kinos wider. Wer in Toronto zum »kanadischen« Essen eingeladen wird, darf gespannt sein. Häufig meint dies ein Potpourri aus Gerichten unterschiedlicher Einwandererkulturen und kann von chinesischer über marokkanische bis hin zu französischer Küche alles sein – nur nicht amerikanisch.

Von den Weiten der Plains bis an den Pazifik

The landscape that keeps us apart
also brings us together.
– Stuart McLean, Radiomoderator

Weiter geht es entlang der Großen Seen nach Thunder Bay, das am Lake Superior liegt. Die Stadt gilt als Tor zum Westen, manche sagen auch zum Wilden Westen – andere behaupten, dieser beginne erst in Winnipeg. Von Neufundland bis hierher hat man schon 4500 Kilometer zurückgelegt und ist doch gerade erst einmal in der Mitte des Landes angekommen. Doch zwischen hier und den Rocky Mountains liegt nun die Weite der Plains. Wer Roadtrips mag oder mit dem Wohnmobil unterwegs ist, hat jetzt gut 2000 Kilometer ziemlich flaches Land vor sich – und das liebt man oder hasst es. Bei schönem Wetter kann es die bezauberndste Reise sein mit endlosen Feldern, verträumten Städtchen und einem blauen Himmel, dessen Horizont niemals zu enden scheint. Im Spätsommer und Herbst kann man häufig auch die Mähdrescher beobachten, wie sie sich Kilometer um Kilometer durch die Felder schieben, die hier schier unwirkliche Dimensionen annehmen.

Bei Regen oder Schnee hingegen ist es eine der längsten und zum Teil auch gefährlichsten Strecken in der westlichen Hemisphäre. Monstertrucks, die einem Spritzwasser in rauen Mengen auf die Windschutzscheibe schleudern, tiefe Schlaglöcher, Seitenwind und Regengüsse, die man so aus Europa kaum kennt, erschweren Sicht und Fahrt. Man ist den Elementen auf Gedeih und Verderb ausgesetzt – spannend ist es allemal. Gerade in schwierigen Momenten erlebt man Kanada dann aber, wie es wirklich ist: freundlich, hilfsbereit und immer optimistisch. Zwei Freundinnen von mir, die in Manitoba und Saskatchewan leben, berichten identisch davon, dass sie auf den Plains gelernt haben, was eigentlich wichtig ist. Elisabeth wird nicht müde, davon zu erzählen, wie sie im ersten Jahr des Dauerschmuddelwetters dreimal am Tag die Hose wechselte, weil sie immer Dreckspritzer hatte. »Heute habe ich acht Monate im Jahr nur noch zwei Hosen: eine für drinnen und eine für draußen. Man kann unter diesen Umständen draußen nicht sauber bleiben!« Was anderswo ein Windfang im Eingangsbereich des Hauses ist, wird hier *mudroom* (dt. *Dreckschleuse*) genannt. Besonders im Herbst und Frühling wird dort das ganze Elend – der Schlamm und die nassen Schuhe – gelassen. Manche Häuser haben sogar zwei Eingänge. Einen »feinen« für den früher üblichen Sonntagsbesuch und die Schleuse für den Alltag.

Wer genug von langen Tagen auf dem Highway hat, kann in Winnipeg (Manitoba) und Regina oder Saskatoon (Saskatchewan) urbane Pausen einlegen. Sie haben nicht das Flair der Großstädte wie Toronto, Vancouver oder Montreal, wer aber Geschichte und Kultur liebt, wird auch hier wunderbare Entdeckungen machen.

Endgültig im Westen angekommen ist der Reisende in der Provinz Alberta. Die Rockies sind vor der Haustür, und man muss sich nur noch entscheiden, ob man Calgary und Edmonton sehen möchte oder lieber gleich in den Bergen verschwindet, wo sich ein Nationalpark an den anderen reiht, wo Bergseen wie Perlenketten schillern und man jeden Tag einen anderen Gipfel erklimmen kann, ohne dass man während des Urlaubs auch nur einen Hauch von Langeweile verspürt. Alberta ist jedoch auch die vielleicht konservativste Provinz. Erdölvorkommen haben ihren Wohlstand begründet, und immer mal wieder träumt man hier von einem unabhängigen Staat. Um die Rohstoffe und deren Abbau wird jedenfalls viel gestritten. Das ist umso trauriger, weil der wahre Schatz Albertas aus meiner Sicht unbezahlbar ist: die grandios atemberaubende Natur.

Von Calgary aus, der Stadt, die man international am ehesten von der Winterolympiade 1988 kennt, ist es auf der Landkarte nur ein Katzensprung nach Vancouver – doch man fährt tatsächlich noch mal mehr als einen Tag bis zum Pazifik. Dann hat man es geschafft. In British Columbia mit seinen Weingütern und Regenwäldern, dem Blick auf Berge und Meer und nicht zuletzt einem einzigartigen Lebensgefühl ist man am anderen Ende Kanadas und der Welt angekommen. Hier möchte man bleiben, und kein Aufenthalt ist lang genug.

In den Umfragen eines großen Online-Reisemagazins belegte Vancouver im Herbst 2019 Platz eins als »freundlichste Stadt der Welt« (vor Kuala Lumpur und Brügge) und im Januar 2020 daher wenig überraschend Platz eins als »freundlichste Stadt Kanadas« (vor Halifax und Montreal). Fernab von British Columbia und auch bei meinen Freunden löste diese Wahl eher Kopfschütteln aus, denn eigentlich gelten die Bewohner von Vancouver im restlichen Kanada eher als prätentiös und ein bisschen hochnäsig. In den sozialen Netzwerken hagelte es Hohn und Spott. »Vielleicht stand keine zweite Stadt zur Auswahl«, »Habe noch nie den Begriff Fake News verwendet – bis eben«, »Würde zustimmen, wenn ich nicht selber ein Jahr dort gelebt hätte« waren noch die nettesten Kommentare. Vielleicht gibt es dort Zugereisten gegenüber eine andere (Un-)Freundlichkeit als Touristen, die immerhin den zweitwichtigsten Wirtschaftsfaktor der Stadt ausmachen. Ich möchte mich da gar nicht einmischen. Eins ist allerdings unstrittig: Die Vancouveraner haben allen Grund, stolz auf ihre Stadt zu sein. »City of Glass« ist ein Beiname, der erst einmal sehr kühl und unnahbar klingt, aber auch anders verstanden werden kann – nämlich als Metapher für Transparenz und Durchlässigkeit.

Zunächst einmal ist Vancouver einer der extrem seltenen Orte, wo man am gleichen Tag bei angenehmen Temperaturen baden und anschließend im nahe gelegenen Gebirge Ski fahren kann. In praktisch allen Analysen und Studien zu den Städten mit der weltweit höchsten Lebensqualität belegt Vancouver Spitzenplätze und gilt sogar als einziger Ort überhaupt, der diesen Status kontinuierlich behauptet. 2011 beschloss die Stadt, innerhalb von zehn Jahren die ökologischste Metropole der Welt zu werden. Das Ziel wurde bis jetzt nur sehr knapp verfehlt (lediglich Stockholm und Kopenhagen haben diesbezüglich bessere Ratings). Die Stadtplanung gilt als vorbildlich und hat eine neue Wortschöpfung hervorgebracht: »Vancouverismus«. Gemeint ist damit eine gemischte Bebauung der Innenstadt mit einigen wenigen Wolkenkratzern, die den Blick auf die umgebende Landschaft nicht versperren sowie ein Miteinander von Wohnen, Arbeiten und Gewerbe ermöglichen. Das Stadtzentrum ist, anders als in fast allen nordamerikanischen Metropolen, bewusst »autounfreundlich« angelegt und begünstigt den gut ausgebauten öffentlichen Nahverkehr. Ich kenne keine zweite Stadt, die in dieser Form als positives Beispiel namensgebend ist. »Manhattanisierung«, »Brüsselisierung« beschreiben dagegen Wildwuchs und katastrophale Fehlentwicklungen. Vancouver ist der Traum eines jeden Architekten, denn gerade wegen der Durchmischung kommen einzelne bauliche Glanzstücke hervorragend zur Geltung. Allerdings hat all das wortwörtlich auch seinen Preis, und laut »Forbes« sind die Immobilien in Vancouver die viertteuersten der Welt.

In seiner Begründung für die Wahl Vancouvers zur Nummer eins weist das Reisemagazin »Big 7« auf einen wichtigen Punkt hin: »Die Stadt verfügt über eine erstaunliche multikulturelle Vielfalt, die wiederum Einigkeit zeigt, damit sich Besucher willkommen und sicher fühlen können.« Wie multikulturell die Stadt ist, verwundert tatsächlich. So gibt es hier keine vorherrschende Religion, sieben Prozent der Bevölkerung bekennt sich beispielsweise zum Buddhismus. Es ist eine reine Freude, durch Chinatown zu schlendern, das den ersten Kern der Besiedlung markiert. Hier ist man richtig, wenn einem der von Glas und Stahl geprägte Charakter der übrigen Stadt nicht zusagt.

Doch bis dahin war es ein weiter Weg. Vancouver ist eine recht junge Stadt, die Mitte des 19. Jahrhunderts als Folge eines Goldrauschs entstand. Damals fielen binnen eines Monats 30 000 amerikanische Abenteurer, darunter 4000 chinesischer Herkunft, nach einem Goldfund am Fraser Canyon in die von indigenen Stämmen und britischen Pelzhändlern lediglich dünn besiedelte Gegend ein. Schwere, kriegsähnliche Konflikte waren zunächst die Folge. Der damalige Gouverneur von Vancouver Island, James Douglas, erreichte sowohl einen Frieden mit den First Nations zu beidseitigem Vorteil als auch die Kontrolle über die rücksichtslosen Goldsucher. Als die Goldvorkommen um 1860 ausgebeutet schienen, zogen die meisten von ihnen wieder ab. Die Verbliebenen verlegten sich auf die Forstindustrie; Holz aus der Gegend von Vancouver wurde zu einem Schlüsselfaktor für den britischen Schiffsbau und die Vergrößerung der Royal Navy. Wo das Sägewerk Stamp's Mill stand, liegt heute Chinatown. Dorthin zog es die vielen chinesischen Arbeitskräfte, die sehr bald gezielt angeworben wurden, um das Schienennetz massiv auszubauen und den Hafen von Vancouver mit dem kanadischen Inland zu verbinden. So wuchs und wuchs der Anteil asiatischer Einwohner, was wiederum den überwiegend aus Europa stammenden Erstsiedlern nicht passte. In den 1920er-Jahren mündete dies immer wieder in Ausschreitungen und Gewalt, wobei sich die Wut vor allem gegen Opiumhöhlen richtete, in denen angeblich weiße Frauen willenlos gemacht und vergewaltigt wurden. Das alles gipfelte im einzigen ausschließlich rassistischen Gesetz, das jemals in Kanada erlassen wurde, dem sogenannten »Chinese Exclusion Act«, der jedweden weiteren Zuzug aus China unterband. Die Auswirkungen waren verheerend. Eine hauptsächlich männliche Bevölkerungsgruppe aus China stand jetzt ohne jede Perspektive da, konnte keine Familie nachziehen lassen oder gründen. Viele verließen Kanada, andere begingen Selbstmord. Ein Einwanderer namens Foon Sein wehrte sich endlich dagegen und erreichte in einem jahrelangen Kampf, dass das unwürdige Gesetz erst abgeschwächt, später abgeschafft wurde. Etliche Jahre später eröffnete das vielen Chinesen aus Hongkong die Möglichkeit, ihre Heimat zu verlassen und nach Kanada auszuwandern, bevor die britische Kolonie wieder dem kommunistischen Mutterland angegliedert wurde. Inzwischen sind fast dreißig Prozent der Vancouveraner Chinesen, aber es gibt auch viele andere Gemeinschaften von Einwanderern aus Asien, Europa und Afrika.

Das ist freilich nur ein komprimierter Überblick. Jeden zieht es woandershin in diesem riesigen Land. Ich selbst lebe gerne an der Ostküste, genieße, wenn es geht, das französische Flair in Quebec und liebe den kalten Norden – das Yukon, die Northwest Territories, Nunavut und Neufundland. Doch egal, wo es einem gefällt, eine Sache gibt es in ganz Kanada: Straßenschilder mit einem großen Fragezeichen darauf. Ist das nicht beruhigend? Hier gibt es nicht auf alles eine Antwort! Im Fall der Fragezeichen im Straßenverkehr handelt es sich übrigens um das Äquivalent zum deutschen kleinen i, also die Touristeninformation.

Höflichkeit und Etikette – oder: Wie Sie die Kanadier für sich einnehmen

My motto?
Time spent laughing at yourself
is time well spent.
– Jim Carrey, Schauspieler & Komiker

Wer kennt sie nicht, die Fettnäpfchen, in die wir fast unweigerlich treten, wenn wir uns in einer neuen Kultur orientieren. Besonders knifflig kann es in Kanada werden, wenn Dinge ähnlich aussehen und klingen, wie man es vielleicht aus den USA oder Großbritannien kennt. Manchmal halten es die Kanadier tatsächlich wie die Amerikaner, dann wieder wie die Briten – und oft eben doch ganz anders. Bleiben Sie vor allem gelassen und lachen Sie gegebenenfalls auch mal über sich selbst, dann kann fast nichts mehr schiefgehen. Denn am meisten schätzen es Kanadier, wenn sich das Gegenüber nicht allzu ernst nimmt. Ein paar allgemeine Anmerkungen mögen dennoch hilfreich sein.

Kanadier möchten nicht als Amerikaner bezeichnet oder mit ihnen verwechselt werden. Auch die Frage, was sie denn von den US-Amerikanern unterscheidet, sollten Sie eher vermeiden, weil sie sich nicht ständig mit ihren Nachbarn vergleichen wollen. Grundsätzlich sind Kanadier zurückhaltender und legen etwas mehr Wert auf Etikette, ohne dass ihnen dies selbst auffiele. Kanada gilt als eines der höflichsten, taktvollsten und friedliebendsten Länder. Das stimmt zu einem gewissen Grad, denn Toleranz, Bescheidenheit und die Vermeidung von Konflikten sind hier wichtige Tugenden. In Kanada geht es in der Öffentlichkeit auch deutlich ruhiger zu als in den USA. Lautes Reden und Lachen werden ebenso wenig geschätzt wie Schimpfen oder gar Fluchen. All das wird als ungehobelt und aufdringlich angesehen.

Ziehen Sie die Straßenschuhe aus, wenn Sie bei jemandem zu Hause eingeladen sind, oder fragen Sie beim Eintreten, ob Ihr Gastgeber dies wünscht. Da in Kanada den überwiegenden Teil des Jahres Schmuddelwetter herrscht, ist es bei den meisten Familien üblich, die Schuhe im Eingangsbereich stehen zu lassen. Sind Sie zum ersten Mal zu Besuch, bringen Sie eine kleine Aufmerksamkeit mit. Das kann ein Mitbringsel aus der Heimat sein, ein Blumenstrauß oder eine Flasche Wein. Gibt es ein gemeinsames Essen, ist es fast ebenso wichtig, die Kochkünste Ihrer Gastgeber mit einem Kompliment zu würdigen. Lustigerweise habe ich hier schon häufiger die Zurückhaltung deutscher Gäste erlebt. »Es gab ja nur Tiefkühlkost und so eine braune Soße«, meinte eine Freundin einmal zu mir, als ich sie auf dem Nachhauseweg fragte, warum sie so wortkarg gewesen sei. Doch es geht keineswegs darum, das Essen selbst zu benoten, sondern die Höflichkeit gebietet es eben, eine Anerkennung auszusprechen.

Wie in Großbritannien gehört das disziplinierte Anstehen zu den hohen Tugenden der Kanadier. Beim Besteigen von Verkehrsmitteln, an der Supermarktkasse oder vor Geschäften, die (wie zum Beispiel während der Coronapandemie üblich) nur eine bestimmte Anzahl Kunden zur gleichen Zeit einlassen, gilt: Halten Sie Abstand und stellen Sie sich hinter dem Letzten an. Wenn Sie sich unsicher sind, fragen Sie nach dem Ende der Schlange. Drängeln, seufzen oder schimpfen (auch und gerade in einer Fremdsprache) wird nicht goutiert. Es wird erwartet, dass Sie anderen Menschen von sich aus Platz machen und diese nicht erst darum bitten müssen, dass Sie ihnen aus dem Weg gehen. Hier pocht man nicht auf sein Recht, sondern versucht, Rücksicht zu nehmen. Am besten illustrieren dies Appelle, die Politiker an die Bevölkerung richten und die tatsächlich ernst genommen werden. Als der Premier von Nova Scotia, quasi der Ministerpräsident der Provinz, erste Lockerungen im Zuge der Coronapandemie verkündete, ging es um die Öffnung von Parks und Wanderwegen. Wenn der Parkplatz einer Grünanlage bereits halb voll sei, möge man doch bitte weiterfahren und sich nicht noch dazustellen. Nur dann sei gewährleistet, dass die Abstandsregelungen eingehalten werden könnten. Ich hielt es für einen frommen Wunsch, dass sich die Menschen an diesem sonnigen Wochenende daran halten würden, nachdem sie wochenlang regelrecht eingesperrt waren. Doch es funktionierte, und die Bilanz am Wochenanfang war positiv. Nirgendwo hatte es, trotz des schönen Wetters, Menschenansammlungen gegeben. Auf den Parkplätzen wurde nur jeder zweite Stellplatz belegt – ganz ohne offiziellen Druck oder Überwachung.

Manchmal führt diese Rücksichtnahme zu komischen Situationen. Wenn man zum Beispiel jemandem Platz machen möchte, der im selben Moment ebenfalls auszuweichen versucht. Man schaut einander in die Augen, lächelt kurz und – ganz wichtig – entschuldigt sich. Immer. Damit liegt man in Kanada nie wirklich falsch. Entschuldigt sich das Gegenüber zuerst, wehren Sie ab und sagen Sie ruhig, nein, das war mein Versehen! Niemand kann sich so oft und herzlich entschuldigen wie ein Kanadier, und er wird sich Ihnen sofort viel verbundener fühlen, wenn er spürt, dass Ihnen die Entschuldigung ebenso leicht von den Lippen kommt wie ihm.

So kompliziert die Höflichkeitstänze um das Anstellen, Sich-aus-dem-Weg-Gehen und Entschuldigen scheinen mögen, so gerne hat es der Kanadier andererseits geradeheraus. Er möchte auf Fragen gerne ein »Ja bitte« oder ein »Nein danke« hören und keinesfalls ein »Vielleicht« oder raten müssen, was seinem Gegenüber jetzt lieb wäre, weil der ihm keine Umstände machen will.

Während ich das so schreibe, fallen mir freilich auch Situationen ein, in denen das anders ist. Zum Beispiel, wenn Sie jemanden um einen Gefallen bitten und derjenige nicht unhöflich sein möchte. Dann wird er vielleicht Ja sagen und hoffen, dass sich die Situation in Wohlgefallen auflöst. Deutsche Freunde von uns, die in Nova Scotia eine Gästelodge bauen, sind häufiger frustriert, weil ihnen Zusagen gemacht werden, die dann aber immer wieder aufgeschoben werden. Genauso würde es jeder Nachbar natürlich immer bejahen, wenn man ihn fragt, ob er am Mittwoch bei etwas helfen kann. Damit ist ja noch nicht gesagt, an welchem Mittwoch – kommende Woche oder nächstes Jahr, alles ist möglich. Dem Kanadier an sich fällt es auch dann schwer, eine Bitte, die an ihn herangetragen wird, abzuschlagen, wenn ihm etwas nicht einleuchtet oder das Gegenüber ihn scheinbar zu etwas drängt. Dann sagt er es Ihnen eher nicht direkt, sondern spielt auf Zeit. Eventuell findet sich jemand anderes, der inzwischen hilft, oder vielleicht ist es ja doch nicht ganz so wichtig. Am Ende wird er helfen, aber eben dann, wenn es ihm zeitlich passt oder er merkt, dass es wirklich nicht anders geht.

Meine Freundin Elke aus Montreal berichtet wiederum, dass die Quebecer insgesamt etwas direkter seien, sie das Problem aber durchaus auch kenne. Sie rät zu Geduld und Freundlichkeit. Wer genervt ist oder gar auf sein Recht pocht, wird, wie häufig die US-amerikanischen Nachbarn, als *rude* (dt. *unverschämt*) wahrgenommen.

Von solchen Fällen abgesehen, wird grundsätzlich auf Pünktlichkeit geachtet. Sollten Sie sich zu einer Verabredung oder Einladung verspäten, sagen Sie kurz Bescheid. Dies gilt besonders für Anreisen in entlegene Gegenden, wo Unterkünfte nur wenige Gäste beherbergen und sich daher auf die verabredete Ankunftszeit verlassen oder eine Mahlzeit nur für Sie zubereiten. Auch was das angeht, ist es in Quebec etwas entspannter, aber natürlich ist es hier ebenso höflich, eine Verspätung kurz zu melden.

Rücksichtnahme auf andere ist in Kanada ein ungeschriebenes Gesetz, auch und vor allem im Straßenverkehr und hier speziell gegenüber Fußgängern. Insbesondere auf den Parkplätzen von Supermärkten, sowie vor Einkaufszentren und Sportarenen genießen sie absoluten Vorrang. Versuchen Sie nicht, rasch über einen Zebrastreifen zu fahren, weil der Fußgänger vielleicht noch nicht auf die Fahrbahn getreten ist. Nicht nur, dass dies als extrem unhöflich empfunden wird, es kann auch zu teuren Strafmandaten führen. Hektik wird auch auf anderen Gebieten nicht gern gesehen. Obwohl es in Kanada vielerorts Schnellrestaurants und Drive-Thru-Gelegenheiten gibt, wird meistens Wert darauf gelegt, dass man nicht im Gehen isst. Sie brauchen eine Pause, haben Hunger auf einen Snack? Nehmen Sie sich die Zeit und gehen Sie ins Café oder essen Sie meinetwegen gleich im Auto.

Rauchen und der Genuss alkoholischer Getränke sind streng geregelt. In öffentlichen Gebäuden wie auch Restaurants und Kinos ist das Rauchen grundsätzlich verboten. Im Freien sollten Sie darauf achten, andere damit nicht zu belästigen. Obwohl Marihuana legal erworben werden kann, ist der Konsum ebenso wie der von Alkohol auf Straßen und öffentlichen Plätzen nicht gestattet. Bier und Wein werden nicht in Supermärkten, sondern ausschließlich in speziell lizenzierten Geschäften verkauft. Die allermeisten dieser Läden werden staatlich betrieben, bieten je nach Provinz ein Einheitssortiment an und nehmen nahezu eine Monopolstellung ein. Privatwirtschaftliche Spirituosengeschäfte müssen sich in ihrer Ware zu achtzig Prozent von ihnen unterscheiden, weshalb sie abseits der international gängigen Marken eine wahre Fundgrube für lokale Craftbiere, Weine und Schnäpse sind.

Noch ein guter Rat zum Schluss: Manche Urlauber meinen, in Kanada nicht ohne deutsche Wurst und Käse auskommen zu können, und versuchen, diese im Gepäck einzuschmuggeln. Beides ist nicht ohne Weiteres erlaubt. Die Sorge vor eingeschleppten Krankheiten ist ebenso groß wie die Absicht, die kanadische Milchwirtschaft zu schützen, weshalb auf Milchprodukte im Wert von über zwanzig kanadischen Dollar eine absurd hohe Einfuhrsteuer erhoben wird. Bei der Einreise muss erklärt werden, ob und welche Lebensmittel man mit sich führt. Beantworten Sie diese Frage falsch, riskieren Sie nicht nur die Vernichtung der mitgebrachten Waren, sondern auch empfindliche Bußgelder.

Die kanadische Küche: das Beste aus aller Welt

Canadian cuisine is defined as local,
seasonal, sustainable ingredients,
in the hands of many cultures.
– Eric Pateman, Küchenguru

Kaum etwas wird unter Kanadiern so leidenschaftlich diskutiert wie die Frage, ob es eine dezidiert kanadische Küche gibt. Das Gespräch geht eigentlich immer ähnlich vonstatten: »*Poutine*. Darauf können wir uns doch wohl als Nationalgericht einigen, oder!?« »Das ist doch kein richtiges Essen. Nein, wir haben kein Nationalgericht. Am Meer essen sie Hummer, in Montreal Bagels, und ansonsten gehen alle zu Tim Hortons. Der Donut ist unser Nationalgericht.«

Fragen Sie also lieber nicht, sondern probieren Sie selbst. Tatsächlich ist es so, dass kanadisches Essen, anders als italienisches oder auch amerikanisches, außerhalb Kanadas wenig bekannt ist. Mit viel Glück haben manche vielleicht schon mal von *Butter Tarts*, *Nanaimo*-Schnitten oder eben *Poutine* gehört. Dann ist aber meist auch Schluss. Tim Hortons kennen in der Regel all jene, die schon einmal in Kanada waren. Aber zum kanadischen Essen gehört viel mehr! Durch die diversen Klimazonen und saisonalen Zutaten, gepaart mit jahrhundertelangen Traditionen der First Nations, den typischen Gerichten der französischen, britischen und deutschen Siedler und einer kulinarischen Kultur, die von Einwanderern aus der ganzen Welt beeinflusst wird, ist das Essen insgesamt deutlich abwechslungsreicher als in weiten Teilen der USA. Nach meinem Dafürhalten wird auch noch mehr selbst angebaut, gekocht und ausprobiert als südlich der Grenze.

Zu den üblichen Verdächtigen unter den Speisen komme ich gleich noch. Zuerst will ich Sie aber ein bisschen für das Abseitige begeistern. Suchen Sie danach, denn es lohnt sich! Als ich Ende der 1990er-Jahre zum ersten Mal in die Ferien nach Neufundland fuhr, reservierte man die Unterkünfte noch telefonisch. Die Dialoge waren immer ähnlich. Am Ende der Reservierung wurde ich gefragt, ob ich auch Abendessen bestellen wollte. Sagte ich Ja, kam wie aus der Pistole geschossen: »But we dun't du burrgars!« (dt. *Aber Hamburger gibt es keine bei uns!*) Offenbar, weil die Betreiber annahmen, dass ich Amerikanerin sei, und Fleisch als absoluter Luxusartikel galt. Wenn ich fragte, was sie denn im Angebot hätten, kam meist eine lange Liste von Fischen, von denen ich noch nie gehört hatte, und das in einer solchen Geschwindigkeit, dass mir schwindlig wurde. Beim ersten Mal nannte ich den einzigen Fisch, dessen Namen ich bei diesem Tempo verstanden hatte: Lachs. Schon im nächsten Moment ärgerte ich mich, denn eigentlich war ich doch neugierig gewesen und wollte etwas probieren, was ich noch nicht kannte. Bei den nächsten Anrufen war ich besser vorbereitet und bekam während meiner Reise schließlich noch ganz andere Köstlichkeiten serviert, darunter einen eher klein geratenen atlantischen Lachs mit dem hübschen Namen Ouananiche, außerdem Saibling, Scholle, Hecht, Barsch, Felchen, Kabeljau und natürlich Hummer.

Lobster, wie Hummer auf Englisch heißt, gibt es an der kanadischen Ostküste das ganze Jahr über. Bis heute gilt er als Arme-Leute-Essen in den Fischerdörfern. Mein Freund Stan, der in Neufundland lebt, erzählt gerne, wie er als Kind in manchen Jahren keinen Hummer mehr sehen konnte: »Hummer-Cremesuppe, Hummerbrötchen, Hummer gegrillt, gekocht, warm, kalt und in Variationen, an die ich mich gar nicht mehr erinnern will.« Selbst in die Schule bekam er Hummer-Sandwiches mit. »Wir waren immer neidisch auf die Kinder aus der Stadt, die Wurstbrötchen dabeihatten. So was konnten sich meine Eltern nicht leisten.«

Nach einer langen Pause vom Hummer ist Stan inzwischen wieder auf den Geschmack gekommen. Im Frühsommer, wenn die Saison bei ihm beginnt, mag er ihn am liebsten. Wie lange er jedoch noch in den Genuss der Schalentiere kommen kann, wird man sehen. Seit der Coronapandemie ist der Hummermarkt völlig zusammengebrochen, und die Preise sind im Keller, erzählt er. Bekamen die Fischer zuletzt umgerechnet etwa neun Euro für das Pfund Hummer, gibt es aktuell keine zwei Euro mehr. »Sie machen damit nur Verluste und riskieren dabei noch Kopf und Kragen.« Denn was kaum jemand weiß: Hummerfischer leben gefährlich. Verfangen sie sich in den Leinen der Hummerfallen, gehen sie über Bord und werden im schlimmsten Fall in die Tiefe gezogen. In den kalten Gewässern des Nordatlantiks müssen sie im Notfall rasch geborgen werden, um eine Überlebenschance zu haben.

Meeresbiologen sehen die Lage freilich mit anderen Augen. Durch die Überfischung vieler Fischarten, aber auch des Hummers, ist für sie der aktuelle Rückgang der Fangquoten ein gutes Zeichen. Die Bestände könnten sich zumindest ein wenig regenerieren.

Wer in Kanada Hummer essen möchte, tut gut daran, dies nicht in einem feinen, überteuerten Restaurant, sondern in einem *Lobster Shack*, einer Art Imbiss, auszuprobieren. Je näher an der Quelle, desto besser. Da die Schale etwas brachial geöffnet werden muss und dabei häufig das Kochwasser, das sich darin gesammelt hat, durch die Gegend spritzt, sollte man auch nicht die feinsten Klamotten anziehen. Selbst in der letzten Bude bekommt man dazu noch einen Latz aus Plastik umgebunden, um die Sauerei in Grenzen zu halten. Seien Sie nicht eitel und machen Sie es wie die Einheimischen.

Ein durchaus legendärer Ort für ein *Lobster Supper* ist der Shore Club in Hubbards, etwas außerhalb von Halifax. Vom Muttertag bis in den September hinein werden hier seit 1946 die Tiere auf Vorbestellung in einem festen Menü serviert. Aussuchen kann man sich lediglich die Größe der Tiere: klein, mittel oder groß. Klein ist winzig und lohnt nicht. Mittel ist das, was die meisten nehmen, und groß ist für diejenigen, die immer eine Extraportion essen. Los geht es mit einem Salatbüfett und Muscheln. Wer Muscheln nicht mag, lässt sie weg, aber so frisch wie hier bekommt man sie selten. Kurze Zeit später wird dann der Hummer serviert: Jedes Tier ein Prachtexemplar, das wie ein Stillleben vor einem auf dem Teller liegt und fast zu schade zum Essen ist.

Auch in Nova Scotia wird gerne Seemannsgarn gesponnen, und so glaubte ich jahrelang an die Legende, dass die Hummer in Roy Harnishs Shore Club im Kochtopf der Titanic gekocht wurden, den sein Großvater auf einer Auktion erstanden hatte. Fuhr man früher mit dem Auto auf den Parkplatz des Restaurants, das Roy einst in seiner Scheune gegründet hatte, sah man am Ende des Gebäudes hinter einem

Verschlag einen Kessel mit kochendem Wasser, in dem die Hummer zubereitet wurden. Erst später erfuhr ich, dass alles ganz anders war: Der Kupferkessel stammte von einem amerikanischen Kriegsschiff, der USS Chesapeake, die 1813 vor Halifax in einer Seeschlacht unterlegen und in den hiesigen Hafen geschleppt worden war, wo ihr Inventar meistbietend versteigert wurde. So war Roy Harnishs Großvater in den Besitz des Kessels gekommen, den der Enkel schließlich für den ersten Lobsterschmaus vom Speicher holte und auf Hochglanz polierte. Seit einigen Jahren ist der Kessel nun schon im Maritime Museum of the Atlantic zu bewundern, wo im Übrigen auch Exponate der gesunkenen Titanic ausgestellt sind.

Doch zurück zum Shore Club, der seither in Familienhand geblieben ist. Mehr als eine Million Hummer wurden hier bislang serviert, und die Liebe, mit der die Menüs den Gästen serviert werden, ist ein Erlebnis für sich. Zum Hummer wird geschmolzene Butter gereicht, in die die von der Schale befreiten Stücke eingetunkt werden. Gegessen wird mit der Hand. Das Fleisch schmeckt himmlisch, zergeht auf der Zunge, und danach möchte man nie wieder irgendwo anders Hummer essen. Das ebenso leckere Dessert, meist eine Zitronen-Baiser-Torte, ist im Menü enthalten, aber man braucht dafür schon einen gesunden Appetit. Wer es nicht mehr schafft, sollte jedoch lieber nicht um ein »doggy bag« bitten. Fragen Sie besser direkt, ob Sie die Reste mitnehmen können (engl. *Could you wrap this for me, please?*).

An (fast) jeder Frittenbude, die es wegen *Fish and Chips* zuhauf gibt, finden sich übrigens auch *Lobster Rolls* (dt. *Hummerbrötchen*). Wer sich nicht gleich auf ein ganzes Tier einlassen mag, kann auch erst einmal das probieren. Auf ein weiches Milchbrötchen kommt Mayonnaise oder Tatarensoße, und darauf werden zarte Stücke vom Hummer drapiert. Dazu werden Pommes serviert, die man aber auch getrost weglassen kann.

Wenn wir kulinarisch schon in Atlantik-Kanada unterwegs sind, muss ich noch zwei weitere Köstlichkeiten vorstellen. Einmal Zunge vom Kabeljau (engl. *cod tongue*). Das hat nichts mit Seezunge zu tun und ist auch nicht das, was es vorgibt zu sein. Hier wird also keineswegs dem Fisch das winzige Zünglein aus dem Mäulchen geschnitten, sondern es handelt sich vielmehr um einen kleinen Muskellappen aus dem Kiefer oder Hals, der aber auch nicht viel größer ist als ein Zünglein. Natürlich gibt das nicht genug her, um satt zu werden, weshalb man gleich mehrere davon braucht. Frisch sollten die *tongues* sein, wobei es sie auch gefroren zu kaufen gibt. Sie werden in Schmalz frittiert und gemeinsam mit den Grieben (nfl. *scrunchions*), Senfgurken (engl. *mustard pickles*) und einer Beilage serviert. Von der Textur her lassen sie sich mit frisch frittiertem Tintenfisch vergleichen, geschmacklich erinnern sie eher an Jakobsmuscheln.

Die andere traditionelle Köstlichkeit, die es an beiden kanadischen Küsten gibt, ist Lappentang (engl. *dulse*). Diese leicht nussig schmeckende Algenart mit einer rötlichen Färbung kann bis zu einem halben Meter lang werden und fühlt sich irgendwie ledern an. Nach der Ernte wird der Tang getrocknet und zu verschiedenen Zwecken weiterverarbeitet. Am gängigsten sind Chips, die als Snack dienen, und Flocken, die in Salaten und vegetarischen Bratlingen als eine Art Speckersatz und Geschmacksverstärker verwendet werden. *Dulse* zählt zu den Superfoods, enthält Vitamin B12 und Spurenelemente wie Kalium und Jod. Doch lange bevor Biomärkte und Gourmetköche *dulse* als Zutat entdeckten, wurde es schon von den kanadischen Ureinwohnern verzehrt.

Einer, der alles darüber weiß, ist Andrew George Jr. Er ist ein vielfach ausgezeichneter Koch vom Stamm der Wet'suwet'en in British Columbia, der 1992 an der Olympiade der Köche, dem ältesten und renommiertesten Kochwettbewerb der Welt, teilnahm. Gemeinsam mit Kollegen aus anderen First Nations reiste er damals nach Frankfurt am Main, wo die Olympiade stattfand. »Es war unglaublich«, erzählt er. »Wir waren in Kanada noch ziemlich unbekannt und fingen gerade erst an, unsere Gerichte einer breiten Öffentlichkeit vorzustellen, als wir uns bereits mit den besten Köchen der Welt messen durften.« Andrew hat mehrere Kochbücher geschrieben, die sich an den überlieferten Rezepten seiner Vorfahren orientieren, diese allerdings mit heutigen Zutaten verbinden. Einer der Kollegen, mit denen Andrew nach Deutschland fuhr, war David Wolfman. Auch er hat sein berufliches Leben der Kulinarik der First Nations gewidmet. David, Angehöriger der Xaxli'p – ebenfalls in British Columbia – ist Professor für Gastronomie in Toronto und hat sehr erfolgreich viele Jahre lang seine eigene Fernsehshow produziert, die unter dem Titel »Kochen mit dem Wolfsmann« (engl. *Cooking with the Wolfman*) lief. Gemeinsam mit seiner Frau Marlene hat er über Jahrzehnte Rezepte der First Nations gesammelt und Zutaten und Kochmethoden aus traditionellen Gerichten mit modernen Verfahren kombiniert. Ob Karibu, Büffel oder Lachs, immer wieder findet er spannende neue Formen, diese zu verarbeiten und gleichzeitig für eine Kultur des Respekts und Miteinanders zu werben.

Bannock zum Beispiel ist ein leckeres Fladenbrot, das einst wichtiger Bestandteil der Ernährung der First Nations war und am offenen Feuer ebenso wie in einem Ofen zubereitet werden kann. Ursprünglich stammt *Bannock* wohl aus den schottischen Highlands und kam mit den Siedlern nach Nordamerika. Einheimische Stämme sollen im 18. und 19. Jahrhundert das Rezept übernommen und zum Teil an die ihnen zur Verfügung stehenden Zutaten angepasst haben. Ausgangspunkt war die Verteilung und Rationierung von Mehl durch die Siedler, weshalb manche Kritiker *Bannock* für ein Instrument der Kolonialisierung halten, das zur Zerstörung indigener Kultur in Kanada beigetragen haben soll. In den letzten Jahren hat *Bannock* als Streetfood jedoch an großer Popularität gewonnen und wird mittlerweile landesweit anstelle von klassischen Sandwiches mit Belag wie Lachs, Avocado oder Frischkäse angeboten.

Noch eine ganz andere Art der Küche sollte an dieser Stelle erwähnt werden, nämlich die des Nordpolarkreises. Etwa ein Drittel des weltweiten borealen Waldgebietes befindet sich in Kanada, darunter die größte intakte boreale Wildnis der Erde, die sich vom Yukon Territory entlang des Yukon River bis nach Alaska erstreckt. Gekennzeichnet durch Nadel- und Flechtenwald, Tundren und nordische Laubwälder ist es die Heimat vieler einzigartiger Tier-, Fisch- und Pflanzenarten. Elche, Tannenhühner, *huckleberries* (dt. *Moorbeeren*), Moltebeeren oder auch Wale und Robben gehören hier zu den traditionellen Lebensmitteln. Manches davon lässt sich regional vor Ort probieren. Am exotischsten ist hier vielleicht im benachbarten Nunavut der Walspeck, auch *Muktuk* genannt. Früher wurde der Blubber von Grönland- und Narwalen, aber auch Belugas, für gewöhnlich roh gegessen. Da er reich an Omega-3-Fettsäuren und Vitamin D ist, war er für die Inuit lebensnotwendig. Heute wird er kaum noch roh verzehrt, sondern eher klein geschnitten, paniert, frittiert und dann mit Sojasoße serviert. Manchmal wird *Muktuk* auch eingelegt. Die Haut ist recht zäh, beim Kauen wird das Fett ölig und schmeckt nussig. Das Wal- und Robbenfett ist heute stark mit Schwermetallen und anderen Umweltgiften belastet. Auch wenn die Jagd auf Wale und Robben sehr kontrovers diskutiert wird, gehört sie zur traditionellen Lebensweise der Inuit, deren Lebensraum trotz weitreichender Schutzmaßnahmen immer kleiner wird.

Doch zurück zu einer Küche, die dem europäischen Gaumen näher ist. Bevor wir uns Gerichte in Quebec anschauen, darf ein Blick auf die Spezialitäten der Akadier, der frühesten französischen Siedler, nicht fehlen. Ihre Küche erinnert an die Hausmannskost im Frankreich vergangener Jahrhunderte. Am bekanntesten ist *Fricot*, eine Art Hühnereintopf, der einst bei keiner Festtafel fehlen durfte. Als Einlage kommen neben Gemüse der Saison noch Kartoffelklöße (frz. *pâtes*) hinein, die das Ganze zu einem ziemlich mächtigen Gericht machen. Aber auch Desserts wie beispielsweise *Beignet* (dt. *Krapfen*) mit Zucker, Ahornsirup oder Schokoladensoße sind vor allem in den akadischen Restaurants New Brunswicks bis heute zu finden.

Wenn ich meine Freundin Elke in Montreal besuche, fühlt sich das jedes Mal ein bisschen wie eine Reise nach Paris an. Obwohl wir noch im gleichen Land sind, wird hier hauptsächlich Französisch gesprochen und eine Lebensart zelebriert, wie ich sie aus anderen Teilen Kanadas nicht kenne. Los geht das beim Frühstück. In den meisten Hotels ist ein kontinentales Frühstück inklusive, was an sich keine aufregende Sache ist. Eine Ausnahme bilden Unterkünfte, die eine *pancake machine* zur Verfügung stellen. Für meinen Sohn ist das Vorhandensein dieser spektakulären Maschine der ausschlaggebende Punkt, ob wir im Hotel frühstücken oder in ein Café gehen. Was macht also dieses Wunderwerk der

Technik? Man drückt auf einen Knopf und kann dabei zusehen, wie eine Portion Teig auf ein Fließband gespritzt wird, an einer Heizspirale vorbeifährt, einmal gewendet wird und am Ende des Fließbandes schließlich ein etwa handtellergroßer, goldbraun gebackener Pfannkuchen auf den Teller plumpst.

Meistens bedeutet das *Continental Breakfast* aber lediglich, dass man ein Heißgetränk, einen Muffin und vielleicht noch Cerealien bekommt. Von daher empfiehlt sich eher das *Canadian Breakfast*, das es in besseren Hotels oder eben Cafés gibt und das dann, aufgrund seiner Größe, den meisten Leuten bis zum Abendessen reicht. Zum traditionellen kanadischen Frühstück, das viele nur am Wochenende essen, gehören gebratene Eier, Würstchen oder Speck, Bratkartoffeln, Toast, Buttermilchpfannkuchen oder *French Toast* mit Ahornsirup, Cornflakes oder Haferbrei. Meistens gibt es eine abgespeckte (im wahrsten Sinne des Wortes) Version, bei der man sich eine Sorte Ei (Spiegelei, engl. *sunny side up*; beidseitig gebraten, engl. *easy over*; Omelett) mit Beilagen wie Bratkartoffeln (engl. *home fries* oder *hash browns*) und Süßem (*Pancakes* oder *French Toast*) aussucht. Auch beim Toast gibt es meist eine Auswahl zwischen Weiß-, Roggen- und anderen Sorten Brot.

Aber nicht verzweifeln, wenn Sie eine lange Liste an Auswahlmöglichkeiten aufgezählt bekommen, sondern einfach nachfragen, wenn Sie etwas nicht auf Anhieb verstanden haben. Das volle Programm (also ohne Aussuchen) nennt sich auch *Lumberjack* oder *Trucker Breakfast* und ist für diejenigen gedacht, die wegen körperlicher Anstrengungen besonders viele Kalorien verbrauchen.

Ich esse in Montreal am liebsten zweierlei zum Frühstück. Zum einen *Eggs Benedict* (liebevoll *Eggs Benny* genannt). Die gibt es freilich auch in anderen Teilen des Landes, aber (fast) nirgendwo schmecken sie so lecker wie hier: pochierte Eier mit Schinken auf einem halbierten englischen Muffin mit Sauce Hollandaise. So kann der Tag beginnen. Alternativ gehen auch *Eggs Florentine* mit gedünstetem Spinat. Mit Schinken wird hier das bezeichnet, was der Amerikaner im Allgemeinen »kanadischen« Schinken nennt und am ehesten dem deutschen Nussschinken, einem mageren Stück aus der Keule, ähnelt. Leider ist meist nur aus dem Kontext ersichtlich, ob nicht doch Speck gemeint ist. Wer sich Sorgen macht, worum es sich bei *Peameal Bacon* handeln könnte: Es ist der gleiche Schinken, allerdings gekocht, der zur besseren Haltbarmachung früher in gemahlenen Erbsen (engl. *pea meal*) gerollt wurde. Heute findet man ihn am ehesten noch in Ontario, und die Kruste besteht nunmehr aus Maismehl (engl. *corn meal*). Die besten *Peameal Bacon Sandwiches* gibt es übrigens in Toronto am Stand der Carousel Bakery auf dem Saint Lawrence Market.

Doch zurück nach Montreal, wo ich noch eine weitere Vorliebe habe – Bagels. Sie sind die stillen Helden Quebecs. Sie sind süßer als ihre NYC-Pendants und mit Mohn oder Sesam bedeckt. Die unerreicht leckeren *Montreal Bagels*! Doch was ist an den Bagels hier so anders und einzigartig? Anders als die New Yorker Variante werden sie nicht mit Sauerteig gemacht, sind etwas kleiner und sehr viel dünner, aber mit einem größeren Loch in der Mitte. Der Teig enthält kein Salz, dafür Malz und Ei. Vor dem Backen werden die Bagels schließlich in Honigwasser pochiert. Wichtig ist außerdem, dass sie nur im Holzofen gebacken werden. Letzteres ist seit einiger Zeit Gegenstand heftiger Debatten, da auch die Bäckereien auf emissionsärmere Öfen umstellen sollen, was aus deren Sicht das Handwerk dauerhaft zerstören würde.

Wie in New York kam der Bagel mit jüdischen Einwanderern aus Osteuropa nach Montreal. Die beiden ältesten Bagel-Bäckereien sind Fairmount Bagel und St. Viateur. Ein frischer Bagel mit Frischkäse (engl. *creme cheese*) und geräuchertem Lachs (engl. *lox*) ist mein absoluter Favorit.

Das französischsprachige Kanada ist ein Ort vielfältigster, vor allem romanischer Einwandererkulturen, was sich auch in der Küche niederschlägt – bretonische, spanische, portugiesische, griechische und italienische Restaurants gibt es hier zuhauf, ebenso wie die entsprechenden Zutaten in den Supermärkten. Und doch ist kaum ein Gericht so berühmt wie *Poutine* – das keinem einzelnen Kulturkreis, außer eben dem frankokanadischen, zugeschrieben werden kann. Und wie so oft bei großen Berühmtheiten: An ihr scheiden sich die Geister. Entweder man liebt sie oder aber man verachtet sie. Knusprige Pommes frites, quietschige Käsewürfelchen und eine dicke braune Soße ergeben das Lieblingsgericht vieler Kanadier, das man am besten auch gleich in einer *Poutinerie*, einer Art Frittenbude, zu sich nimmt. Inzwischen gibt es *Poutine* in vielen Varianten, etwa mit Speckwürfeln, Chilisoße, Trüffeln oder Hackfleisch. Auch manche Schnellrestaurantketten bieten *Poutine* an. Davon sollte man allerdings lieber Abstand nehmen, da es mit dem Original, abgesehen vom Namen, nichts gemein hat.

Das Essen in Quebec hat, wie ich eingangs schon schrieb, wenig mit der vornehmen französischen Küche zu tun. Es ist handfest und stammt aus einer Zeit, in der die Menschen körperlich hart arbeiteten und lange, kalte Winter überdauern mussten. Viele Gerichte sind daher eher Wohlfühlkost der feineren Art. Darunter zum Beispiel die Erbsensuppe nach Quebecer Art (frz. *soupe aux pois à la Québécoise*), die traditionell aus gelben Erbsen, Schweinefleisch und Kräutern besteht und cremig ist. Aber was ist daran nun »Québécoise«? Richtig! Erst der Ahornsirup macht sie dazu. Daher schmeckt sie etwas süßlich, wobei auch dunkler Ahornsirup verwendet werden kann, der später im Jahr geerntet wird und dessen Geschmack karamelliger und rauchiger ist. Auch weiter westlich, etwa in Manitoba, kennt man Erbsensuppe. Dort wird sie ohne Ahornsirup, dafür mit kräftig geräuchertem Fleisch zubereitet. Wenn wir schon bei den würzigen Mahlzeiten sind, darf der beliebteste Snack der Kanadier nicht fehlen: Die kleine Tüte Chips ist obligatorisch, wenn man mittags ein Sandwich isst, und selbst die Kinder bekommen sie in ihre Schul-Lunchbox gepackt. Wenn im Herbst ein Hurrikan oder im Winter ein Schneesturm (engl. *Nor'easter, blizzard*) droht, sind die Chips-Regale in den Supermärkten als Erstes leer gekauft. Was dem Amerikaner sein Popcorn sind dem Kanadier seine Chips. Im Osten Kanadas hat man hierfür sogar das hübsche Wort *storm chips* (frz. *croustilles tempête*) erfunden. Es gibt eine Fülle von Geschmacksrichtungen, die nur in Kanada zu finden sind. Viele Kanadier sind eingefleischte Anhänger der Ruffles-Chips. Auf dem Schulhof sind Ruffles ohne Aroma (engl. *regular*) die verpöntesten. Sie schmecken nach nichts anderem als Mehl mit Backfett, und wer will das schon, wenn er sie etwa »mit allem« (engl. *all-dressed*; frz. *assaisonnées*) haben kann. Ja, Sie haben richtig gelesen: »mit allem«. Das bedeutet Chips, die zugleich nach Barbecue, Ketchup, Sour Cream und Zwiebel, Salz und Essig schmecken. Jedenfalls behauptet das mein Sohn, der Chips-Gourmet. Für mich schmeckten sie lange wie eine schlechte Mischung aus salzig und sauer. Ich weiß nicht, ob es an der Tatsache liegt, dass unser Chips-Konsum während der Pandemie gestiegen ist, ob sich unser Geschmack in dieser Zeit verändert hat oder sich der Mensch am Ende an alles gewöhnen kann, inzwischen habe ich meinen Frieden mit den *All-dressed*-Chips gemacht. Trotzdem seien dem Kanadier natürlich seine Chips gegönnt. In Reinform gibt es sie echt mexikanisch scharf, also für Normalsterbliche nicht mehr genießbar, so sauer wie in England (Essig, mehr Essig!) und in süchtig machenden Varianten wie Cheeseburger, *Dill Pickles*, *Poutine* und Ketchup. Letztere ist die vielleicht beliebteste Variante auf den Schulhöfen. Und seien Sie vorgewarnt! Wenn Sie je ein Sandwich zum Lunch bestellen, wird sehr wahrscheinlich die Frage kommen, ob Sie *crisps* dazu wünschen. Das ist der etwas antiquierte Ausdruck für Chips, dem schließlich eine lange Liste der unterschiedlichsten Geschmacksrichtungen folgen wird.

Nach so viel Salz sollten wir noch die süßen Sünden erwähnen, die es in Kanada mal zum Frühstück, mal als Nachtisch oder einfach zwischendurch, zum Beispiel zum Tee, gibt. Lassen Sie uns an der Kuchenfront beginnen. Als ich bei meinem ersten Kanadabesuch gefragt wurde, ob ich gerne eine *Butter Tart* wollte, war ich etwas unsicher. Mir kam der deutsche Butterkuchen in den Sinn, ein Hefeteig, durchtränkt mit Butter und bestreut mit rohem Zucker und gehobelten Mandeln. Schnell lernte ich jedoch die kleinen, fast niedlichen Butterküchlein lieben. Von der Größe eines Muffins sind diese einfachen Blätterteigschalen gefüllt mit einer meist geheimen (Familienrezept!) Mischung aus Butter, Zucker und Ei. Manchmal sind Pecannüsse darin versteckt, ein anderes Mal kleine Apfelstücke. Sie sind immer zum Sterben lecker und gerade so groß, wie man es sich zu einer Tasse Tee eben wünscht.

Eine andere Köstlichkeit die man unbedingt einmal probieren sollte, ist die *Nanaimo*-Schnitte, eine Art süßer Riegel, bestehend aus drei Lagen, die nicht einmal gebacken wird und nach der gleichnamigen Stadt auf Vancouver Island benannt ist, wo das Rezept in den 1950er-Jahren erstmals auftauchte. Den Boden bildet eine mit Nusssplittern (Walnuss, Mandel oder Pecan) und Kokosraspeln vermengte Waffel. Auf diesen folgt Pudding und obendrauf noch eine Glasur aus Schokoladenganache.

In British Columbia ist man so stolz auf die *Nanaimo*-Schnitte, dass sie bei jeder Gelegenheit geradezu zelebriert wird, sei es bei einem Staatsbankett oder auf einer Briefmarke. Letztere gab es von der kanadischen Post 2019, als Teil eines Booklets mit Marken, die typisch kanadische Desserts präsentierten. Kaum war die Briefmarke erschienen, gab es wilde Diskussionen, was für ein Rezept wohl verwendet worden war, denn die Anteile der einzelnen Lagen schienen nicht dem Geschmack der Einwohner von Vancouver Island zu entsprechen. Es gab aufgeregte Leserbriefe und Anrufe in Radiosendungen. Am Ende konnte man sich, wieder ganz kanadisch, darauf einigen, dass es inzwischen unzählige *Nanaimo*-Rezepte gibt, sogar mit Pfefferminz- und Mokkageschmack. Die Briefmarke sei schlicht ein Beleg für die nationale Bedeutung dieses Gaumenschmauses, der sich in den sechzig Jahren seines Daseins einen Platz in den Herzen der Kanadier gesichert hat.

Genauso wenig lässt sich inzwischen ein anderes Gebäck aus Kanada wegdenken: die sogenannten *Beaver Tails* (dt. *Biberschwänze*; frz. *queues de castor*). Dabei handelt es sich um einen Hefeteig, der länglich gezogen in Fett ausgebacken und mit den unterschiedlichsten Toppings belegt wird – von Zucker und Zimt über Nutella, Erdnussbutter und diverse Cerealien gibt es kaum etwas, was sich nicht auf einem süßen Biberschwanz finden lässt.

Egal, für welche Nascherei Sie sich begeistern, in Kanada werden Sie mit ziemlicher Sicherheit mehr Tee oder Kaffee trinken als sonst. Weshalb? Weil es Teil der Kultur ist und Sie auf Schritt und Tritt gefragt werden, ob Sie eine Tasse (Tee oder Kaffee) haben möchten – »Want a cuppa?« Und wenn Sie nicht gefragt werden, kommen Sie jeden Tag an so vielen Tim Hortons vorbei, dass Sie irgendwann glauben, dass Sie jetzt unbedingt sofort ein Heißgetränk brauchen. Womit wir beim nächsten Kapitel wären. Wenn Sie denken, man könne Tim Hortons mal eben im selben Kapitel abhandeln wie den Rest der kanadischen Küche, haben Sie sich getäuscht. »Timmies«, wie die Kette auch liebevoll genannt wird, ist mehr als ein Schnellrestaurant, mehr als ein Café und mehr als eine Donut-Bäckerei. Tim Horton war ein Hockeyspieler, und warum die von ihm gegründete Schnellrestaurantkette so beliebt ist, will ich Ihnen nicht länger vorenthalten.

Tim Horton – eine kanadische Ikone

If you can tell people you are at Timmy's,
and it is never followed by the question ›Timmy Who?‹,
you might be Canadian!
– Alltagsweisheit

Was den Deutschen die Bundesliga ist den Kanadiern die NHL oder auch National Hockey League. Obwohl sie ein »National« im Namen führt, ist sie jedoch tatsächlich binational und umfasst sowohl kanadische als auch US-amerikanische Eishockey-Klubs. Und was Bayern München für die Bundesliga ist, sind die Toronto Maple Leafs für die NHL, jedenfalls diesseits des 49. Breitengrades. Der legendärste Spieler der Maple Leafs – und entsprechend ganz Kanadas – war Wayne Gretzky, dessen Name dem einen oder anderen geläufig sein wird. Zwanzig Jahre lang, von 1979 bis 1999, war er eine lebende Legende für die Kanadier, die ihn »The Great One« tauften, und bis heute gibt es niemanden, der ihm diesen Titel streitig machen würde. Was aber hat das mit

Tim Horton zu tun? Auch er war – ein paar Jährchen vor Gretzky – bei den Maple Leafs.

Ende 2019 machte ein Werbefilm für Tim Hortons Furore, in dem Wayne Gretzky eine Rolle spielte: Der Film zeigt ihn als kleinen Jungen, der von seiner Mutter zu einer Autogrammstunde des damaligen Eishockeystars Tim Horton mitgenommen wird. Wir schreiben das Jahr 1968 und befinden uns in einem Frühstückscafé in Brantford, Ontario. Der erwachsene Gretzky erinnert sich daran: »Als ich klein war, schaute ich zu Tim Horton auf. Er war eine Ikone – einer der besten kanadischen Hockeyprofis seiner Generation. Ich sah ihn immer im Fernsehen spielen, und jeden Abend ging ich ins Bett und träumte davon, wie er zu sein und dass meine Spiele eines Tages dann auch im Fernsehen übertragen würden.« Bei der erwähnten Autogrammstunde ist der kleine Wayne aber so schüchtern und aufgeregt, sein Idol endlich zu treffen, dass er vergisst, etwas mitzubringen, das dieser signieren kann. Doch Tim wäre ja kein Superheld, wenn er dieses Problem nicht lösen könnte! Kurzerhand zieht er die Papierserviette unter seinem Kaffeebecher hervor und schreibt darauf »Wayne, Best wishes, Tim Horton«. Im Video sehen wir Wayne Gretzkys alten Vater in der Gegenwart, wie er die Serviette aus einer Schachtel mit Erinnerungsstücken der Familie hervorholt und sie seinem Sohn gibt. Böse Zungen könnten behaupten, dass die Geschichte vor Schmalz trieft, wie man es eigentlich nur aus einer Donut-Bäckerei kennt … Da sie aber wahr ist, erfreute sie die Kanadier einmal mehr. Auch Wayne Gretzky muss jedes Mal ein Tränchen verdrücken, wenn er auf die Episode angesprochen wird: »Klar, es gab viele Momente in meiner Karriere, die ich nie vergessen werde. Doch der Moment, als ich Tim in diesem Café traf und er mir die Serviette signierte, war es, der mir die Idee in den Kopf setzte, dass ich professioneller Hockeyspieler werden kann.« Etwa zur gleichen Zeit war Tim Horton ins Gastro-Business eingestiegen. (Nur wenige Jahre später trauerte die Nation, als das große Idol gerade einmal 44-jährig bei einem Autounfall tödlich verunglückte. Als Profisportler eigentlich längst im Rentenalter, hatte er bis zuletzt in der NHL gespielt.)

Für viele Kanadier ist der Gang zu Tim Hortons tief mit ihrem Nationalstolz verbunden. Er erinnert sie an angenehme Erlebnisse in der Kindheit, in der es einen Donut zur Belohnung gab, oder auch an Momente in der Jugend, in der man sich mit seinen Freunden vom Taschengeld ein Dutzend Donuts kaufte. Timmies gibt es selbst in den entlegensten Winkeln Kanadas; dort ist sie oft die einzige Fast-Food-Kette überhaupt. Diese Zuverlässigkeit, wo immer man ist, den gleichen Kaffee, das gleiche Gebäck und vielleicht auch einen Snack zu bekommen, der einem nicht zu viel Geld aus der Tasche zieht, gehört zum Erfolgsrezept – genauso wie sicherlich das Logo in den kanadischen Farben Rot und Weiß. Sage und schreibe fünfzehn Prozent der Kanadier gehen täglich zu einem Tim Hortons, und jedes Jahr werden dort zwei Milliarden Becher Kaffee verkauft. Sicher, so weiß man aus Umfragen, wird der Kaffee bei Starbucks und Second Cup (zwei anderen beliebten Ketten) deutlich besser gefunden. Dafür ist er teurer, und die Snacks sind zu extravagant. Muss sich der Kanadier zwischen Donuts oder Cantuccini entscheiden, wird der Donut stets mit weitem Abstand gewinnen.

Doch genug der Lobeshymne. Donuts, das werden Sie sehen, gibt es hier in unzähligen Varianten. Jedes Jahr auch in einer Reihe *Limited Editions*, mit denen besonderer sportlicher Ereignisse gedacht wird oder Spenden gesammelt werden. So gab es beispielsweise nach dem Amoklauf in

Nova Scotia im April 2020 einen »Nova Scotia Strong«-Donut, mit dem Geld für die Überlebenden und Hinterbliebenen gesammelt wurde und der mit Zuckerguss in den Provinzfarben dekoriert war.

Wenn Sie Kinder haben, kennen Sie vielleicht die Diskussion, wie die Löcher in den Käse kommen. In Kanada gibt es die gleiche Debatte bezüglich der Donuts. Wie kommen die Löcher in die Donuts, und was geschieht dann mit den Teigresten? Auch hierauf fand man bei Timmies eine kreative Antwort. Timbits sind quasi die ausgestanzten Donut-Löcher, die nach dem Frittieren wie ein kleiner Ball aussehen. Drei Timbits entsprechen etwa einem Donut. Seit ihrer Erfindung wurden so viele Timbits verkauft, dass man mit ihnen das gesamte Straßennetz Kanadas auslegen könnte, welches rund 400 000 Kilometer lang ist.

Hier noch zwei Insider-Tipps: Der Kanadier bestellt seinen Filterkaffee bei Tim Hortons am liebsten als *double-double*, was so viel bedeutet wie »zweimal Milch und zweimal Zucker« (engl. *double cream, double sugar*). Wenn Sie es mit »The Great One« aufnehmen wollen, bestellen Sie einen »Wayne Gretzky«. Dessen Spielernummer war die 99. Entsprechend enthält der Kaffee dann neunmal Milch und neunmal Zucker. Lassen Sie es sich schmecken!

Ein musikalisches Eldorado

Music is the emotional life of most people.
– Leonard Cohen (1934–2016)

Für ein Land mit der Einwohnerzahl Kanadas ist die Musikszene von einer schier unbegreiflichen Vielfalt und braucht den Vergleich mit den USA wahrlich nicht zu scheuen. Es gibt kaum ein Genre, in dem das Land nicht einen oder mehrere stilbildende oder extrem erfolgreiche Interpreten hervorgebracht hat.

Beginnen wir mit den Weltstars. An der Spitze steht natürlich Céline Dion. Mit über 200 Millionen verkauften Alben ist sie weltweit eine der erfolgreichsten Künstlerinnen und Künstler aller Zeiten. Für das frankofone Kanada ist das eine tiefe Genugtuung, denn Dion stammt aus Charlemagne, einem kleinen Vorort von Montreal. Das erste Jahrzehnt ihrer Karriere, in das 1988 auch der Sieg im Eurovision Song Contest fiel (kurioserweise trat sie für die Schweiz an), bestritt die Sängerin ausschließlich auf Französisch. Englisch lernte sie erst relativ spät, vor allem, um ihr Repertoire und somit ihr Publikum zu erweitern. Das steigerte ihren Erfolg nahezu ins Unermessliche, und dennoch hörte sie nie auf, parallel in ihrer Muttersprache zu produzieren. Auch heute noch führen ihre Alben die ewige Bestenliste in Frankreich an, was ausgesprochen ungewöhnlich für die Grande Nation ist, denn eigentlich hat man sich dort angewöhnt, über alles die Nase zu rümpfen, was aus dem frankofonen Kanada kommt. Es gilt kulturell als provinziell, die Sprachfärbung als bizarr. Mir fällt auf Anhieb nur noch Béatrice Martin alias Cœur de pirate ein, die die französischen Charts ebenfalls eroberte, obwohl sie aus Montreal stammt. Puristen provozierte Martin darüber hinaus auf vielfältige Weise, denn ihre sanften, fast kindlichen Pop-Chansons kontrastieren auffällig mit einem anrüchigen Vorleben in der Softporno-Branche, einem wild tätowierten Körper und offen ausgelebter Bisexualität.

Aber erst einmal weiter in der Bestenliste. Mit 175 Millionen Tonträgern ist der Rapper Drake Céline Dion dicht auf den Fersen, wobei er fast zwanzig Jahre jünger und entsprechend kürzer im Geschäft ist. Er hält diverse Rekorde in den amerikanischen Charts und teilt sich zum Beispiel mit Madonna den Ruhm, die meisten Top-Ten-Hits in den USA zuwege gebracht zu haben. Drake stammt aus Toronto und lebt noch immer da, inzwischen freilich auf einem hundert Millionen Dollar teuren Anwesen. In seiner Heimatstadt ist er eine Institution, und ihm wird nachgesagt, für fünf Prozent der Einnahmen im Tourismus verantwortlich zu sein, ganze 440 Millionen Dollar – pro Jahr! Dass der geschäftstüchtige Rapper im November 2019 in die (in Kanada legale) Marihuana-Produktion eingestiegen ist, hat mich nicht überrascht, sehr wohl dagegen seine coole Reaktion bei einem Festivalauftritt im gleichen Monat in Los Angeles. Drake war als Überraschungsgast gebucht, dem Publikum aber zu sehr Mainstream. Es buhte ihn gnadenlos aus. Der Rapper zeigte sich dennoch nicht beleidigt. »Es ist euer Festival, nicht meins«, erklärte er ins Mikro. »Deshalb bitte ich euch um Erlaubnis, heute Abend noch etwas auf der Bühne und bei euch zu bleiben. Wollt ihr das?« Die Menge johlte: »Nein!« Drake verschwand, und die US-Medien reagierten mit Schadenfreude. Vielleicht hatten sie sich etwas mehr Pöbelei und Skandal erhofft. Aber selbst Superstar Drake reagierte so, wie es die meisten Kanadier an seiner Stelle getan hätten. Seine Musik ist zwar nicht unbedingt mein Geschmack, aber wenn mein Sohn im Auto die Musik bestimmt, höre ich sie dennoch regelmäßig mit. Seit dem Auftritt in L. A. fühlt sich mein Sohn in seiner Vorliebe natürlich sehr bestätigt – schließlich hat auch ein Rapper Vorbildfunktion. Damit will ich nicht sagen, dass Drake immer nur der brave Junge von nebenan war. Er ist in diverse Fehden mit Kollegen verwickelt – so viel Berufsehre muss sein, denn schließlich ist er kein Schlagersänger.

Justin Bieber, mit etwa 150 Millionen verkauften Alben, ist dagegen ein ganz anderer Fall. Sein gewaltiger Erfolg samt einer ergebenen Anhängerschaft von Teenagern, die sich »Belieber« (abgeleitet von »Believer«, dt. *Gläubige*) nennen, wird immer wieder durch Konflikte mit dem Gesetz sowie geschmacklose oder grob beleidigende Äußerungen konterkariert. Bieber stammt aus London in der Provinz Ontario, wuchs in prekären Verhältnissen auf und musste damit klarkommen, als dreizehnjähriger YouTube-Star über Nacht weltberühmt zu sein. Ein Jahr später siedelte er mit seiner Mutter in die USA über, wo allerdings viele Amerikaner seiner Eskapaden bald so überdrüssig waren, dass sie 2014 in einer Petition Biebers Ausweisung zurück nach Kanada forderten. Jedoch ohne Erfolg, obwohl immerhin 270 000 Unterschriften zusammenkamen. Im Gegenzug erklärte Bieber, zwar gerne in den USA zu leben, doch die Staatsbürgerschaft nicht anzustreben, denn Kanada bleibe für ihn »das beste Land der Welt«.

Mit Popsängerin Shania Twain (hundert Millionen Tonträger) und dem speziell in der Weihnachtszeit medial omnipräsenten Entertainer Michael Bublé (75 Millionen) möchte ich die Liste der Großverdiener beenden. Schließlich soll es hier um Musik und nicht um die Welt der Superreichen gehen. Viele kanadische Musiker haben sich durch andere Verdienste unsterblich gemacht und sind zu Ikonen geworden.

Der Pianist Glenn Gould (1932–1982) zählt unbestritten zu den berühmtesten und einflussreichsten Interpreten klassischer Musik. Vor allem seine Bach-Aufnahmen gelten als zeitlose Referenz und stellen neue Generationen von Tastenkünstlern vor die Wahl, der Linie Goulds zu folgen – oder ihr etwas ganz anderes entgegenzusetzen, um sich so von ihm abzugrenzen. Am Beginn seiner Karriere stand 1955 eine sehr energiegeladene Version der Bachschen »Goldberg-Variationen«, 1981 markierte eine völlig entgegengerichtete Deutung des gleichen Werks Goulds langsamen Abschied von der Welt, intim und behutsam, oft kurz vor dem Verstummen. Glenn Gould fiel neben seiner Genialität immer auch durch eine ungewöhnliche Exzentrik auf. Er kämpfte mit Hypochondrie und einer Essstörung, und es wurde spekuliert, ob er Autist war oder an einer bipolaren Störung litt. Bei vielen seiner Auftritte summte oder sang Gould leise im Hintergrund mit, worüber sich Toningenieure und Dirigenten mitunter die Haare rauften. Selbst im Hochsommer trug er Hut, Schal, Handschuhe und dicke Kleidung, weshalb er in Florida einmal als vermeintlich Obdachloser in Arrest genommen wurde. In seinen letzten Jahren mied er persönliche Kontakte, kommunizierte fast nur per Brief oder Telefon. Andererseits war Glenn Gould schon früh neuen Technologien gegenüber aufgeschlossen, nahm viel für Radio und Fernsehen auf, sodass sich ihm auch Nachgeborene sehr gut annähern können.

Schon Glenn Gould arbeitete gelegentlich an Soundtracks für Kinofilme mit, doch auf diesem Gebiet gibt es einen anderen Kanadier, der unbedingt erwähnt werden muss: Howard Shore. Selbst wenn Sie nur gelegentlicher Kinogänger sind, ist es fast ausgeschlossen, dass Sie mit seiner Musik noch nicht in Berührung gekommen sind. Seine Karriere ist eng mit dem großen alten Mann des kanadischen Films verbunden, David Cronenberg, dem er über einen Zeitraum von 35 Jahren die Treue gehalten hat. Shores Beitrag zu der beklemmend-melancholischen bis verstörenden Atmosphäre von Cronenbergs Werken ist enorm. Schließlich war es unvermeidlich, dass Hollywood auf ihn aufmerksam wurde. Die Liste der Kollaborationen ist endlos, und für seine Soundtracks zur Trilogie *Der Herr der Ringe* wurde er mit insgesamt drei Oscars geehrt. Cineasten verdanken ihm noch ein anderes Detail, denn er war es auch, der seinen Freunden Dan Aykroyd und John Belushi für ihre Band und den daraus resultierenden Kultfilm den Namen »Blues Brothers« vorschlug, womit wir nun in der Rockmusik angekommen sind.

Kanadas Beitrag für die 1950er-Jahre fiel noch etwas schmal aus. Paul Anka war mit Nummer-eins-Hits wie *Diana* die kanadische, etwas weichgespülte Antwort auf Elvis Presley. Der in Ottawa geborene Sohn libanesischer Einwanderer schrieb später aber auch die Lyrics für Frank Sinatras *My Way* und sang mit Michael Jackson im Duett, woraus dessen Hit *This is it* entstand. Dies sollte aber erst der Anfang sein ...

Die Keimzelle der kanadischen Rockrevolution zu Beginn der 1960er-Jahre bildete erstaunlicherweise nicht Toronto, sondern die vergleichsweise verschlafene Provinzhauptstadt von Manitoba, Winnipeg. Vielleicht langweilten sich die Jugendlichen (wie zur gleichen Zeit im englischen Liverpool) einfach zu Tode und wurden selbst aktiv. Randy Bachman, Sohn eines Deutschen und einer Ukrainerin, gründete The Guess Who, die von Album zu Album immer härter spielten und heute als Vorläufer des Punk gelten. Später wandte Randy sich, ebenfalls in Winnipeg, Bachman-Turner Overdrive zu, und falls Ihnen der Bandname nichts sagt, so kennen Sie doch wahrscheinlich das immer noch oft im Radio gespielte *You Ain't Seen Nothing Yet* (1974 Nummer eins in den US-Charts). Der Song schildert eine fatale Liebesaffäre aus der Sicht eines schüchternen Jungen. Dessen Stottern im Refrain sorgte neben der eingängigen Melodie zusätzlich für einen hohen Wiedererkennungswert.

In Winnipeg startete auch die Karriere der Folkrocklegende Neil Young, der seinen ersten Hit für The Guess Who schrieb. In einem der Clubs der Stadt begegnete er dann der aus Alberta stammenden Joni Mitchell. Sie tauschten sich über ihre Songs aus und beeinflussten einander. Um 1965 zogen beide in die USA, wo es einfacher war, Gleichgesinnte zu finden. Neil Young spielte bei den stilbildenden Bands Buffalo Springfield und Crosby, Stills, Nash & Young, nahm aber immer auch Soloalben auf, zum Beispiel als Vehikel für seinen größten Hit *Heart of Gold*. Fünf Jahre lang arbeitete Neil Young illegal in den USA und erhielt erst 1970 seine Greencard. Die dortige Einbürgerung war übrigens erst im Januar 2020 erfolgreich, jahrelang wurde sie ihm wegen seines öffentlich zelebrierten Marihuana-Konsums verweigert. Dass er sie nun, ausgerechnet unter Trump, erhielt, ist ihm eine große Genugtuung. Zugleich verwahrte er sich gegen die Verwendung seiner Lieder in Trumps Wahlkampf, der zuletzt mit *Rockin' in the Free World* versuchte, Young vor seinen Karren zu spannen. Dieser ist jedoch einer der politisch aktivsten Musiker überhaupt, engagiert sich in der Friedens- und Umweltbewegung und setzt sich für Minderheiten ein – nichts läge ihm ferner als die Republikaner im Wahlkampf zu unterstützen.

Joni Mitchell hingegen wandelte immer auf Solopfaden. Ihr Hit *Woodstock* wurde zur Hymne der Hippiebewegung. Vielleicht kann man in ihr die erste Singer-Songwriterin der Geschichte sehen, gewiss ist sie die einflussreichste, Vorbild für ganze Generationen unterschiedlichster Künstlerinnen, wie Madonna, Courtney Love, Taylor Swift oder Katy Perry. Madonna bekannte, Joni Mitchell sei das große Idol ihrer Teenagerzeit gewesen, deren Alben sie Zeile für Zeile auswendig kannte und die der wichtigste Einfluss für das eigene Songschreiben blieb.

Bei einer Umfrage in Kanada nach den beliebtesten einheimischen Singer-Songwritern landete Joni Mitchell dennoch nur auf dem dritten Platz. Zwei weitere Namen sind dem Durchschnittskanadier offenbar noch mehr ans Herz gewachsen. Da ist vor allem Gordon Lightfoot, der als einer der Erfinder des Folk Pop gilt. Zu seinen Fans zählten und zählen Stars wie Elvis, Bob Dylan (der ihn als seinen Mentor bezeichnet), Barbra Streisand oder Johnny Cash. Sie alle haben seine Songs im Repertoire. Lightfoot lebt übrigens in einem Vorort von Toronto, nur einen Steinwurf von Drake entfernt.

Und es gibt noch einen, der hier erwähnt werden muss und vor allem in Intellektuellenkreisen höher im Kurs steht: Leonard Cohen (1934–2016). Cohen entstammt einer Familie orthodoxer Juden in Montreal. Obwohl er zeitlebens die Sabbatvorschriften befolgte, muss ihm die streng religiöse Erziehung irgendwann zu viel geworden sein, und so trieb er sich als Teenager lieber in der Gesellschaft von Gangstern, Zuhältern und Wrestlern herum. Zur gleichen Zeit entdeckte er seine Liebe zur Poesie. Sein Lyrikband *Flowers for Hitler* (1964) und vor allem der Roman *Beautiful Losers* (1966) werden inzwischen als Meilensteine der modernen kanadischen Literatur angesehen, fanden damals aber kein Publikum. Frustriert ging Cohen nach New York und tankte im Umfeld von Andy Warhol und Nico neues Selbstvertrauen. Er begann, seine Gedichte zu vertonen, wenn sie schon niemand lesen wollte. Der erste Auftritt hätte in einem Desaster enden können, denn Cohen hatte noch nie öffentlich gesungen, spielte sehr schlecht Gitarre – und ausgerechnet der Gitarrengott Jimi Hendrix saß im Publikum. Doch dann gab es Standing Ovations, besonders der autobiografische Song *Suzanne* über seine unglückliche Liebe zu einer verrückten Heiligen in Montreal rührte die Zuhörer. Dieses zutiefst Berührende in seiner Musik und seinen Texten ist geblieben und eins von Cohens Markenzeichen. Manchmal wünschte man sich sogar etwas weniger Eingängigkeit, denn sein größter Hit *Hallelujah* geistert in so vielen überflüssigen Versionen durch die Medien, dass es schon Stimmen gibt, die verbieten möchten, dass dieser Song noch gecovert werden darf.

2008 ging der mittlerweile 73-Jährige noch einmal auf große Tournee, nicht ganz freiwillig, denn Cohen war über die Jahre von seinem Manager betrogen worden und stand kurz vor der Pleite. Ich hätte damals sogar zwei der hochbegehrten Karten für sein Londoner Konzert bekommen können, doch mein Ehemann – eigentlich auch ein großer Cohen-Fan – glaubte aufgrund der durchwachsenen letzten Alben nicht so recht, dass der Aufwand lohnen würde. Wie sehr er sich geirrt hat, weiß er inzwischen selbst am besten. Zum Glück gibt es sowohl eine DVD als auch eine CD von dem Konzert, einzigartige Dokumente menschlicher Würde, gepaart mit Witz, Poesie und musikalischem Tiefgang. Hören Sie rein, Gänsehaut ist garantiert!

Das klassische Rockzeitalter aus kanadischer Sicht wäre sehr unvollständig ohne zwei weitere Namen. The Band aus Toronto hat mit eigenständiger Musik für Furore gesorgt, wurde aber vor allem ab 1965 als Begleitband von Bob Dylan zur Legende. 1976 löste sich The Band auf. Starregisseur Martin Scorsese verewigte den letzten gemeinsamen Auftritt (bei dem auch Joni Mitchell und Neil Young mitwirkten) als *The Last Waltz*, für nicht wenige Kritiker der beste Musikfilm aller Zeiten. Und zu guter Letzt haben wir Steppenwolf mit ihrem unsterblichen Biker-Song *Born To Be Wild*, der durch den Film *Easy Rider* 1969 weltberühmt wurde. Die Textzeile *heavy metal thunder* hat einer ganzen Musikrichtung ihren Namen gegeben. Steppenwolf wurde zwar in Los Angeles gegründet, bestand aber vorwiegend aus Kanadiern. Frontmann John Kay ist einer von ihnen. Mit bürgerlichem Namen heißt er Joachim Fritz Krauledat, wurde 1944 in Ostpreußen geboren und landete nach langer Flucht der Familie erst 1958 in Kanada.

Weiter mit den 1970er-Jahren! Da etablierten sich Blood, Sweat & Tears mit ihrem kanadischen Frontmann David Clayton-Thomas zu einer der tonangebenden Jazzrock-Bands, und das Trio Rush aus Toronto entwickelte sich zu einem der maßgeblichen Vertreter des Progressive Rock. Die Alben von Rush erreichten in den USA regelmäßig Gold- oder Platin-Status, was angesichts ihrer kaum radiotauglichen Musik doppelt erstaunlich war. Als der genialische Rush-Schlagzeuger Neil Peart im Januar 2020 an einem Hirntumor verstarb, trauerte die Musikwelt um den vielleicht besten seines Fachs. In den 1980ern wurde dann Bryan Adams mit Hits wie *Heaven* zu einer unverzichtbaren Stimme der Dekade.

Überhaupt zeichnet sich der kanadische Rock häufig durch eine unverschämte Eingängigkeit aus. Man denke nur an Alannah Myles (*Black Velvet*), Alanis Morissette, die Königin des Alternative Rock, Singer-Songwriterin Sarah McLachlan, Pop-Punkerin Avril Lavigne, den auf Charterfolge abonnierten Sohn äthiopischer Einwanderer Abel Makkonen Tesfaye alias The Weeknd oder an die Hits der portugiesischstämmigen Nelly Furtado. Manchen geht dieses Gefällige mit Sicherheit zu weit. Der Ohrwurm *Mmm Mmm Mmm Mmm* von den Crash Test Dummies aus Winnipeg, der 1993 weltweit die Charts stürmte und bei MTV* als Musikvideo in Dauerschleife lief, taucht in nahezu allen Rankings von Fachjournalisten als einer der schlechtesten Songs aller Zeiten auf. Auch bei der Stadionrockband Nickelback aus Vancouver stehen Fanzuspruch und Kritikerurteil in einem umgekehrten Verhältnis. Einerseits werden sie gerne als die weltweit erfolgreichste Band des ersten Jahrzehnts im neuen Millennium bezeichnet, andererseits ebenso oft als die schlechteste.

Kanadas Musikszene kann aber auch ganz anders. Stellvertretend für viele möchte ich drei Bands aus Montreal

* Merken Sie sich »MTV« auch noch in einem anderen Zusammenhang: In Kanada bezeichnet es die Ballungszentren Montreal, Toronto und Vancouver. Man wohnt in MTV oder ist eben ein Landei …

nennen, von deren Musik bei aller Unterschiedlichkeit eine mysteriöse, hypnotische Wirkung ausgeht, mit hohem Suchtpotenzial, wenn man sich einmal darauf eingelassen hat. Arcade Fire ist eine kultisch verehrte Indierock-Band, deren komplexe Songs mit sehr ungewöhnlicher Instrumentierung auftrumpfen, aber immer sinnlich bleiben und nie verkopft wirken. Den ungewöhnlichsten Namen kann ganz bestimmt das anarchistische Musikerkollektiv Godspeed You! Black Emperor für sich verbuchen. Wie könnte man ihn übersetzen? »Dir eine gute Reise! Schwarzer Kaiser«? Wie viele und welche Interpreten überhaupt dazugehören, ist nie ganz klar, aber selten sind es weniger als zehn. Im Bereich von Post-Rock und experimenteller Musik sind sie eine Liga für sich. Selbst ihre überlangen Stücke sind keineswegs sperrig, sondern mit ein bisschen Konzentration erstaunlich zugänglich und werden selbst in Hollywood gern für Soundtracks verwendet. Das Triphop-Duo Elsiane ist mein persönlicher Favorit. Die sich über exquisiten Beats entfaltende Stimme der aus Peru stammenden Sängerin Elsieanne Caplette kann man nur abgöttisch lieben oder abgrundtief hassen, dazwischen gibt es nichts.

Wenn Sie Kanadier, die nicht gerade Hipster oder Professoren sind, nach ihren persönlichen Favoriten befragen, werden Sie allerdings auf Namen stoßen, die Sie vielleicht noch nie gehört haben. Der beliebteste kanadische Song ist nach Umfragen *If I Had $ 1 000 000* von den Spaßrockern Barenaked Ladies aus Toronto. Sie steuerten übrigens auch die Titelmelodie für die US-Sitcom *The Big Bang Theory* bei. Die in Kanada erfolgreichste Band der Jahre 1996–2016 ist wiederum The Tragically Hip aus Kingston/Ontario, die außerhalb ihres Heimatlandes nie über den Status eines Geheimtipps hinauskam. Der Grund hierfür ist simpel. The

Hip, wie sie meist nur genannt wird, bewegt sich textlich in einem Kosmos zwischen Eishockey und Kleinstadtkneipe. Das ist nicht sehr glamourös, aber eben typisch kanadisch.

Die schwul-lesbische Community ist in Kanada sehr stark und selbstbewusst, was sich nicht zuletzt in der Musikszene zeigt. Rufus Wainwright, Sohn eines amerikanischen Singer-Songwriters und einer kanadischen Folkmusikerin, geboren 1973 in New York, aufgewachsen in Montreal, ist einer der profiliertesten zeitgenössischen Musiker, auf Rockbühnen ebenso zu Hause wie in Opernhäusern oder Theatern. Zugleich ist er eine der kraftvollsten Stimmen, wenn es um die Rechte von LGBT geht. Selbstredend gehört beides bei ihm untrennbar zusammen. Sein Coming-out erlebte er als Teenager, doch angeblich wusste sein Vater schon lange vor ihm selbst Bescheid, als der junge Rufus nämlich zu den Radioklängen von *Heart of Glass* Blondie imitierte. Aus seinen Neigungen hat Wainwright nie ein Hehl gemacht. In jungen Jahren kostete er das wilde Leben eines Bohemian im Stil von Oscar Wilde in vollen Zügen aus, bis er sich in den deutschen Musikmanager Jörn Weisbrodt verliebte. Hatte er kurz zuvor noch die Institution Ehe als spießig und überholt abgelehnt, machte er sich ab 2010 für die landesweite Legalisierung der Homo-Ehe in den USA stark, während sie in Kanada bereits seit 2005 als verbrieftes Recht verankert ist. Bevor das Paar selbst heiratete, erfüllte es sich noch den Wunsch nach einem Kind. Empfängerin der Samenspende von Rufus war keine andere als seine enge Freundin aus Kindertagen, Lorca Cohen, die Tochter von Leonard Cohen. Das Mädchen Viva Katherine wird nun von drei Eltern aufgezogen. Dass er eine vorwiegend schwule Fanbase hat, findet der Künstler in Ordnung, doch eine homosexuelle Ikone will er nicht sein, wie er in seinem Song *Gay Messiah* deutlich macht.

Dies hingegen stört die Countrypop-Sängerin k. d. lang aus Alberta schon längst nicht mehr. Für ihre Popularität spricht, dass sie bei den Olympischen Spielen sowohl 1988 in Calgary als auch 2010 in Vancouver Auftritte hinlegte, die bis heute in Erinnerung geblieben sind. Stars wie Elton John oder Tony Bennett wollten unbedingt mit ihr im Duett singen. Mit ihrem Eintreten für die Rechte von Lesben, Schwulen und Transsexuellen sowie für Aidsprävention ist sie im toleranten Kanada nie wirklich angeeckt, nicht einmal in der als erzkonservativ verschrienen Country-Szene. k. d. lang ist jedoch auch überzeugte Veganerin, und als sie in den 1990er-Jahren die Kampagne *Meat stinks* (dt. *Fleisch stinkt*) startete, trat sie eine Welle der Empörung los, speziell in Alberta, dem Zentrum der kanadischen Fleischindustrie. Dreißig Radiostationen boykottierten ihre Songs, und ein Schild zu ihren Ehren in ihrer Heimatstadt wurde damals niedergebrannt. Doch das ist längst vergessen. Heute gehört sie zum kanadischen Inventar, und ihre Lesbenhymne *Constant Craving* ist weltweit auf den CSDs und Dyke Marches nicht mehr wegzudenken.

Auf nach Montreal – eine Stadt für Flaneure und Genießer

This is the first time I was ever in a city where you couldn't throw a brick without breaking a church window.
– Mark Twain, 1881

Als ich Anfang der 1990er-Jahre in Amherst, Massachusetts studierte, war ich abenteuerlustig und hatte das, was man auch im Englischen Wanderlust nennt. Doch wohin sollte es gehen? Mit dem Auto war schlicht nur Kanada erreichbar, und so waren Montreal und Quebec meine ersten Reiseziele. Neuengland ist zwar schon sehr europäisch für amerikanische Verhältnisse, doch hier im französischen Teil Kanadas fühlte ich mich tatsächlich wie zu Hause. Montreal trägt unter anderem den Spitznamen »la ville aux cent clochers« (dt. *Stadt der hundert Kirchtürme*), was unweigerlich an die katholischen Traditionen Europas erinnert. Statt des breiten Amerikanisch lag plötzlich die Leichtigkeit der französischen Sprache in der Luft. Es gab leckeren Kaffee mit Croissants zum Frühstück, und jeder kannte den französischen Weichkäse (und mochte ihn viel lieber als den ewig gleichen Gummikäse südlich der Grenze). Auch kulturell fühlte es sich an, als ob die USA Hunderte von Meilen entfernt seien.

Die amerikanisch-kanadische Grenze hat viele Übergänge, und für gewöhnlich ist die Einreise nach Kanada sehr unbürokratisch. Die Gegend rund um den Lake Champlain eignet sich besonders gut, um das Zusammenleben der beiden Kulturen im Grenzgebiet zu studieren. Alles ist hier ein bisschen pittoresk und verschlafen. Das hat seinen ganz eigenen Reiz. Quebecer können nicht alles aus den USA nach Quebec schicken lassen, zum Beispiel weil importierte Waren unbedingt französisch beschriftet sein müssen. Das ist vielen amerikanischen Unternehmen zu umständlich, zumal der Markt sehr klein ist im Vergleich zum restlichen, englischsprachigen Nordamerika. So gibt es nicht wenige Menschen in Quebec, die in den amerikanischen Grenzstädten ein Postfach besitzen, um dorthin Bestellungen liefern zu lassen und diese dann selbst über die Grenze zu holen. Dieser »kleine Grenzverkehr« war bis 9/11 so gut wie gar nicht reguliert. Alles war geradezu dörflich und familiär. In den letzten Jahren hat sich das sehr verändert, und insbesondere bei der Einreise in die USA hat man gelegentlich den Eindruck, wieder im Kalten Krieg zu sein und wie ein Bittsteller an die Tür klopfen zu müssen. Machen Sie sich auf alles gefasst. Bleiben Sie den Beamten gegenüber ruhig und vor allem: Lassen Sie Cannabis, das Sie vielleicht in Kanada legal erworben haben, auf jeden Fall zurück. Es gibt wenig Schlimmeres, als (selbst versehentlich!) Drogen über die Grenze zu bringen.

Reist man in umgekehrter Richtung aus den USA nach Kanada, wird es jedoch gleich viel herzlicher Wann immer ich auf dem Landweg zurück nach Kanada komme, stellt sich sogleich ein wohliges Heimatgefühl ein. Etwas östlich des Lake Champlain liegt das kleine Grenzdorf Derby Line, Vermont. Hier kommt man durch, wenn man von Hartford, Connecticut durch das westliche Massachusetts bis nach Vermont der Interstate-91 in einer geraden Linie nach Norden folgt. Vermutlich haben Sie von diesem Örtchen noch nie gehört, denn Derby hat nur ein paar Hundert Einwohner und wäre auch sonst ein ganz und gar verschlafenes Nest, wenn es dort nicht das Haskell Free Library and Opera House gäbe. Aber warum sollte ich in einer *Gebrauchsanweisung für Kanada* über eine Sehenswürdigkeit in den USA schreiben – zumal es sich dabei um die einzige Bibliothek in den USA ohne Bücher und das einzige Opernhaus ohne Bühne handelt? Nun, das Geheimnis liegt auf der anderen Seite der Landesgrenze, und die verläuft mitten durch diese besondere Kultureinrichtung! Eine dicke schwarze Linie, die sichtbar quer durch die Bibliothek und das Theater gezogen ist, trennt hier die USA von Kanada. Auf kanadischer Seite, in Rock Island, Quebec, heißt das gleiche Gebäude Bibliothèque et salle d'opéra Haskell. Während andernorts Grenzen bizarre Verläufe nehmen, denen sich die Bebauung anpasst, wurde hier das Gebäude mit Absicht auf die ganz und gar gerade Grenze gebaut.

Im Juni 1904 öffnete das Haus seine Pforten. Es war ein Geschenk der Familie Haskell und sollte fortan Amerikaner wie Kanadier mit Opernaufführungen erfreuen, deren Eintrittsgelder wiederum in die Bibliothek investiert wurden. Ein Kuratorium mit Mitgliedern aus beiden Ländern führt bis heute die Geschäfte. Inzwischen wurde das Haus sowohl von den USA als auch Kanada zum Kulturerbe erklärt.

Die Bücher sind, wie die Opernbühne, auf kanadischer Seite untergebracht, Haupteingang und Sitzplätze der Oper befinden sich auf der amerikanischen. Auf kanadischer Seite gibt es nur einen Notausgang. Besuchern aus dem Norden ist es gestattet, ohne Grenzkontrolle auf direktem Weg den Haupteingang zu benutzen, solange sie den einzig dafür erlaubten Gehweg entlang der Church Street benutzen. Nach Besuch von Bibliothek oder Opernhaus müssen sie jedoch wieder direkt nach Kanada zurückkehren. Für gewöhnlich treffen sich hier auch gerne Paare, die auf unterschiedlichen Seiten der Grenze leben, während ihre Aufenthaltsgenehmigungen im jeweils anderen Land noch in Bearbeitung sind. Ein kleines Schlupfloch für die Liebe!

Verliebt bin ich auch – nämlich in Montreal. Diese Liebschaft dauert nun schon fast dreißig Jahre, und sie ist kein bisschen abgekühlt. Ja, es ist das Europäische an der Stadt, die Menschen, die Kultur und noch so viel mehr, was mich fasziniert. Ich möchte versuchen, es an einigen wenigen Dingen, neben dem Essen, das ja an anderer Stelle schon Erwähnung fand, zu erläutern. Es fängt bereits an, wenn man nicht auf dem Landweg, sondern mit dem Flugzeug nach Montreal reist. Man landet in Dorval, einem Vorort, auf dem Pierre Elliott Trudeau International Airport, der nach dem ehemaligen Premierminister* benannt ist, dem Vater des heutigen Premiers Justin Trudeau. Beim Anflug sieht man die Silhouette der Millionenmetropole, die zu einem Gutteil auf einer Insel (frz. *Île de Montréal*) liegt, die vom Sankt-Lorenz-Strom und den Mündungsarmen des Ottawa River umspült wird. Das allein sieht spektakulär aus, und zwar zu jeder Jahreszeit. Bei der Einreise begrüßen einen die Grenzbeamten mit einem freundlichen »Hello-Bonjour«, und man

* Pierre Elliott Trudeau (1919–2000)

weiß sofort, dass man wieder in Kanada ist. Theoretisch müssen sie auch anderswo in Kanada *Bonjour* sagen, aber je nach Französischkenntnissen des Einzelnen wird es gerne genuschelt, damit ja niemand auf die Idee kommt, in Toronto oder Vancouver Fragen auf Französisch zu stellen.

Wenn ich dann das Glück habe, ein paar Tage dableiben zu können, geht es zuallererst mit dem Taxi zum Plateau-Mont-Royal, meinem Lieblingsbezirk. Die Stadt hat neunzehn Bezirke, die wie in Paris Arrondissements genannt werden. Als ich zum ersten Mal in Montreal war, wohnte ich im Studentenwohnheim der McGill-Universität mit herrlichem Blick über die Stadt. Bis hierhin dehnte sich Montreal etwa ab Mitte des 18. Jahrhunderts aus, als Ansiedlungen auch außerhalb der ursprünglichen Mauern entstanden. Die Hügelkette Mont Royal (engl. *Mount Royal*) verläuft mitten durch diesen Bezirk, auf sie geht der Name der Stadt zurück. Der höchste Gipfel, quasi der eigentliche Mont Royal, wird auch Colline de la Croix (dt. *Hügel des Kreuzes*) genannt. Dann folgen der Colline d'Outremont und Westmount. Auch wenn die Höhe des Mont Royal eher einem Hügel entspricht und das französische Wort *colline* auch genau das bezeichnet, besteht man in Montreal darauf, dass es sich um einen Berg (engl. *mount*, frz. *mont*) handelt. Sprechen Sie keinesfalls von einem »hill« oder »colline«. Was das betrifft, ist man hier empfindlich. Ein Berg ist ein Berg und eben kein Hügel.

Der erste Europäer, der den Mont Royal bestieg, war 1535 der Entdecker und Seefahrer Jacques Cartier, der dazu eine Eintragung in seinem Tagebuch hinterließ: »Und mitten unter diesen Feldern befindet sich und liegt die (indianische) Stadt Hochelaga, nahe bei einem Berg … Wir nannten ihn den königlichen Berg.«

Die Erkundungsfahrten wurden in dieser Zeit in aller Regel von den europäischen Königshäusern finanziert, so auch im Fall von Cartier: François I. hatte ihm diese Reise ermöglicht. Im Jahr 1642 wurde Ville-Marie, ein Vorläufer des heutigen Montreal, gegründet und im Jahr darauf an der Südseite des Gipfels des Mont Royal ein Holzkreuz errichtet. Das weithin sichtbare Monument war ursprünglich nur ein Dank an Gott, weil die frühe Kolonisten-Siedlung von einem Hochwasser verschont blieb. Es wurde aber auch ein Herrschaftssymbol der christlichen Eroberer. Seit den 1920er-Jahren wird der Gipfel von einem stählernen Kreuz gekrönt, das 31 Meter in die Höhe ragt und nachts weithin sichtbar beleuchtet wird. Ähnlich wie bei hohen Bauwerken zum Beispiel in Paris oder New York, wird es zu besonderen Anlässen in jeweils passenden Farben angestrahlt. Apropos hohe Bauwerke: Montreal wäre wohl keine »richtige« Metropole, gäbe es hier nicht auch Hochhäuser. Doch da sich rund um den Mont Royal nach Ausweitung der Stadt zuerst vorwiegend die reichere Oberschicht ansiedelte und dort in einer für die Stadt typischen Holzbauweise zwei- bis dreigeschossige Häuser entstanden, beschränkt sich die Hochhausbebauung weitgehend auf das Stadtzentrum Richtung Hafen und rund um den Hauptbahnhof. Seit den 1970er-Jahren gilt darüber hinaus eine Beschränkung für die Höhe von Neubauten auf maximal 233 Meter, damit die Hügelkette deutlich sichtbar das Wahrzeichen der Stadt bleibt.

Nun ist so ein Hausberg ja schön und gut. In aller Welt werden am Wochenende unwillige Kinder zum Spaziergang oder, noch besser, zu einer Wanderung die Berge hinaufgetrieben. In Montreal geht das alles etwas relaxter vonstatten. Auf der südöstlichen Seite des Hügels gibt es den Parc du Mont Royal, der vom Architekten des New Yorker Central

Park entworfen wurde. Die riesige Anlage umfasst 190 Hektar sowie einen künstlichen See, den Lac aux Castors (dt. *Bibersee*), der zum Tretbootfahren einlädt – und hier ist wirklich pure Entspannung angesagt.

Wer sich in einem der vielen Touristen-Busse zu den einschlägigen Aussichtspunkten des Mont Royal kutschieren lässt, dem werden die Waschbären nicht entgehen, die an den Haltepunkten darauf warten, von den Parkbesuchern gefüttert zu werden. Seit Jahren versucht die Parkverwaltung, das Problem in den Griff zu bekommen – mit Schildern wie »Do not feed the racoons!« (dt. *Waschbären nicht füttern!*) oder »Ne me touchez pas!« (dt. *Fassen Sie mich nicht an!*). Dabei sehen die Tierchen doch zu possierlich aus. Und sie sind soooo zutraulich! Sie setzen sich geradezu brav neben Sie an den Picknicktisch und schauen Sie erwartungsvoll an, als würden sie sich fragen, was Sie wohl Leckeres dabeihaben, um es mit ihnen zu teilen. STOP. Es handelt sich dabei um Tiere in freier, wenn auch urbaner Wildbahn. Sie tragen Erreger mit sich herum, die Menschen schwer krank machen können. Jedes Jahr kommt es ungewollt zu Bissen und der Übertragung von Krankheiten. Und auch die Waschbären werden krank, denn natürlich ist menschliches Essen keine artgerechte Nahrung für sie. In Montreal kann man mittlerweile schon von einer Übervölkerung sprechen, da die kleinen Racker in städtischen Parks keine natürlichen Feinde haben. Zu viele Waschbären führen im Übrigen auch zu einem Ungleichgewicht, das andere Arten wie den ebenfalls hier ansässigen Blauflecken-Querzahnmolch (engl. *blue-spotted salamander*) bedroht. Der ist freilich weitaus scheuer und zeigt sich meist nur dort, wo weniger Menschen unterwegs sind. Doch es lohnt sich, nach ihm Ausschau zu halten. Gerade Kinder sind damit oft stundenlang zu beschäftigen. Ob von Erfolg gekrönt oder nicht: Zum Abschluss lohnt für die Kids in jedem Fall ein Besuch des gleichnamigen Spielplatzes Salamander Playground, dessen Leitmotiv, wie könnte es anders sein, der hier beheimatete Molch ist. Nicht nur, dass er einer der teuersten öffentlichen Spielplätze weltweit sein dürfte (Baukosten 1,7 Millionen kanadische Dollar), er ist auch mit Abstand einer der schönsten und kindgerechtesten, der ganz spielerisch motorisches, kognitives und soziales Lernen fördert. Eigentlich müssten sich alle Planer von Spielplätzen den Salamander Playground zum Vorbild nehmen.

Egal zu welcher Jahreszeit, im Park ist immer etwas los. Am lohnenswertesten ist ein Besuch am Sonntag. Man geht zum Brunch in eines der nahe gelegenen Cafés und begibt sich dann, frisch gestärkt, am nördlichen Ende des Parks zum George-Étienne-Cartier-Denkmal (dieser Cartier gilt als einer der Väter der Konföderation). Kommt man nach dreizehn Uhr in den Park, muss man einfach nur dem Klang der Trommeln folgen, um zum »Tam-Tam« zu gelangen, wie der sonntägliche Trommel-Event heißt. Seit vielen Jahren finden sich hier Hunderte Montrealer, darunter Musiker, Studenten, Familien und Touristen, völlig unorganisiert zusammen. Bis Sonnenuntergang trommeln diejenigen, die dazu Lust haben, während andere zuhören und sich sonnen, Kinder toben, Schausteller die Parkbesucher unterhalten – und auch der eine oder andere Joint geraucht wird. Die entspannte Atmosphäre und vor allem der gemeinsame Nenner, den Konsum von Rauschmitteln nicht überhandnehmen zu lassen und keine Drogen vor Kindern zu nehmen, hält auch die Polizei im Zaum. Es ist ein friedliches Happening, bei dem Gastfreundschaft und Vielfalt gelebt werden.

Bis zum Zweiten Weltkrieg war es vorwiegend die Musik von Militärkapellen und Big Bands, die im Sommer die

Parkbesucher erfreute. Während des Krieges und insbesondere in der Zeit danach ließ die Begeisterung der Bevölkerung für derlei Veranstaltungen nach. Erst rund zwanzig Jahre später begannen Studenten von den Westindischen Inseln, ihre Trommel-Jams in den Park zu verlagern, um keinen Ärger mit den Vermietern zu bekommen. Es sollte bis Anfang der 1990er-Jahre dauern, dass die Tam-Tams zu ihrer heutigen Größe und dem Happening-Charakter fanden.

Es ist diese Sinnlichkeit, die Montreal so besonders macht. Mit dem Hören und Schmecken hatten wir es ja bereits. Für das Auge gibt es die unzähligen Wandmalereien, bei deren Entstehung man mit etwas Glück im Sommer dabei sein kann, denn im Juni findet alljährlich das MURAL Street Art Festival statt. Dabei wird die Stadt, besonders um den Boulevard Saint-Laurent, zu einer großen Freiluft-Galerie mit Straßenfestcharakter. In dieser Gegend mit ihren Backsteinhäusern, mit Efeu und Wein berankt, und den lustigen Außentreppen, die im Winter jedoch glatt und lebensgefährlich sind, herrscht eine unaufgesetzte, fröhliche Atmosphäre. Überall gibt es Studios, Galerien, kleine Geschäfte – hier ist der Mittelpunkt der Kreativen dieser Stadt, die sich Charme und Gelassenheit bewahrt hat. Montreal ist hip und cool und dabei authentisch geblieben.

In den 1990er-Jahren noch war Montreal, ehrlich gesagt, ziemlich heruntergekommen. Zwanzig Jahre lang hatte es hier politische Unruhen gegeben, mehr als eine halbe Million englischsprachiger Quebecer verließen im Rahmen der Separationsbewegung die Provinz. Einer von ihnen war der Filmemacher John Walker, der über diese Zeit den sehr berührenden Dokumentarfilm *Québec – My Country Mon Pays* (dt. *Quebec – Mein Land*) gemacht hat. Ähnlich wie der

Schriftsteller Mordecai Richler entführt uns Walker in eine Zeit, in der das Zusammenleben der verschiedenen Sprachgruppen alles andere als entspannt und friedlich war. Bis heute, so behaupten manche seiner Protagonisten, hat sich der Graben zwischen »Anglos« und »Francos« nicht ganz schließen lassen.

Ich erinnere mich an den ersten Schock meiner Freundin Elke, die einst aus den USA nach Montreal zog, im Glauben, in eine zweisprachige Metropole zu kommen. Die Ernüchterung setzte schnell ein, als deutlich wurde, dass das Leben sich im Wesentlichen auf Französisch abspielen würde, sie die Sprache lernen müsste, um weiterhin eine Arbeit im Wissenschaftsbetrieb zu erhalten, und nicht zuletzt ihre Kinder auf französischsprachige Schulen gehen würden. Wer hierherzieht, wird sich unweigerlich die Frage nach der eigenen Identität stellen. Manche finden rasch ihren Standpunkt, andere ringen damit ein Leben lang.

Ein weiteres Problem wurde während der Coronapandemie deutlich, als sich in Quebec viele an sich charmant anmutende Eigenheiten der hiesigen Verwaltung als völlig aus der Zeit gefallen herausstellten. Dazu gehörte beispielsweise die mangelnde digitale Ausstattung der Schulen, die dazu führte, dass während der Corona-bedingten Schulschließungen deutlich weniger Unterricht via Internet stattfand als in anderen Provinzen. Auch das Arbeiten im Homeoffice, im Rest von Kanada in dieser Zeit problemlos möglich, war vielen Arbeitgebern suspekt. Und während anderswo der digitale Datenaustausch zur Normalität gehört, wird hier immer noch gerne das Fax (frz. *télécopieur*) bemüht. Leider fielen so bei den Zählungen der COVID-Opfer gerne auch welche unter den Tisch oder, wie in der frankokanadischen Presse zu lesen war, sie wurden schlicht »in der Faxmaschine vergessen«.

Wie hartnäckig sich in Montreal antiquierte Gewohnheiten halten, zeigt sich vor allem am »Moving Day« (dt. *Umzugstag*), der auf den 1. Juli fällt. Während im Rest des Landes der Nationalfeiertag begangen wird, besteht an diesem Tag in Montreal die nahezu einzige Möglichkeit des gesamten Jahres, eine neue Wohnung zu mieten oder ein Grundstück zu pachten. Die Wurzeln dieser anscheinend unantastbaren Bestimmung reichen bis ins 18. Jahrhundert. Was damals noch funktioniert haben mag, sorgt inzwischen für blankes Chaos. Umzugsfirmen, die zu anderen Zeiten kaum etwas zu tun haben, sind für den 1. Juli schon auf Monate ausgebucht, ebenso Kleintransporter. Mangels anderer Optionen befördern viele ihren gesamten Hausrat auf Lastenfahrrädern. Trotz dieses logistischen Albtraums würde kaum ein Montrealer dafür votieren, dieses weltliche Ritual abzuschaffen.

Auf viel ernsthaftere Weise zeigt sich das Festhalten an Traditionen freilich auf dem Gebiet des Glaubens. Ganze 650 Gotteshäuser nennt Montreal sein Eigen. Darunter 200 katholische Kirchen, Klöster und Kapellen, weitere 200 Kirchen anderer Konfessionen, gut hundert Synagogen und genauso viele Moscheen, Moscheevereine und Schreine. Die Stadt hat vier römisch-katholische Basiliken: die Cathédrale Marie-Reine-du-Monde; Notre Dame; Saint Patrick's und das Oratoire Saint-Joseph du Mont-Royal. Letztere ist die größte Kirche Kanadas und zugleich das Nationalheiligtum. Nach dem Petersdom in Rom hat sie außerdem die zweitgrößte Kupferkuppel der Welt. Jährlich besuchen rund zwei Millionen Menschen die Kirche, die Ende der 1980er-Jahre als Kulisse für das Filmdrama *Jesus von Montreal* diente. Das 1989 für einen Oscar nominierte Werk gilt weithin als charmantester aller Jesus-Filme.

Wenn Sie sich nicht brennend für Kirchen interessieren, muss ein Besuch nicht unbedingt sein. Wahrscheinlich ist allerdings, dass Ihnen die Basilika im Laufe eines Montreal-Aufenthalts sowieso auffallen wird, denn sie ist eines der wenigen Bauwerke, die tatsächlich höher als der Mont Royal und daher von vielen Orten der Stadt aus zu sehen sind.

Stattdessen möchte ich Ihnen von einem etwas anderen, weniger glamourösen Kirchlein erzählen, das aber viel mehr über das Land verrät. Kanada wurde von Seeleuten entdeckt, und über Jahrhunderte waren es die Meister der Segel und Taue, die bei Wind und Wetter den Elementen trotzten, Menschen, Tiere und Güter in die neue Welt brachten. Bis heute hat die Seefracht einen großen Anteil am In- und Export des Landes. Mehr als vierzig Millionen Tonnen Fracht kommen jährlich auf dem Seeweg über den Sankt-Lorenz-Strom nach Montreal. Der Hafen (frz. *Port de Montréal*) liegt 1200 Kilometer landeinwärts vom Atlantik und gilt als einer der größten Binnenhäfen der Welt. Wie in anderen Hafenstädten gibt es auch in Montreal eine Seemannskirche: Notre-Dame-de-Bon-Secours (engl. *Our Lady of Good Help*) in der Rue Saint Paul im Viertel Ville-Marie, das zur Altstadt gehört und unweit des alten Hafens liegt. Schon seit Hunderten von Jahren kommen die Seeleute hierher, um sich bei Maria, die auch den Beinamen Stella maris (dt. *Stern des Meeres*) trägt und als Schutzpatronin der Seefahrer gilt, zu bedanken. Als Stella maris symbolisiert sie den rettenden Stern, der auf den Meeren wie im Leben die Richtung weist. Die Magie dieses Ortes macht eine Vielzahl von detailgetreuen Schiffsmodellen aus, die Gläubige zum Dank für den Beistand der Jungfrau in großer Not der Kirche überlassen haben. Die Schiffe aus unterschiedlichen Zeiten hängen im Kirchenraum von der Decke und machen so auf anrührende Weise die Gebete dieser harten Kerle sichtbar. Es ist die Erleichterung, einen Sturm auf dem Meer oder eben im eigenen Leben gemeistert zu haben, die hier mit den Besuchern und anderen Gläubigen geteilt wird. Für mich ist es ein zutiefst spiritueller Ort, an dem sich die Stille und Intimität, die der Bau eines solchen Modells benötigt, erspüren lässt.

Ein weiterer beinahe vergessener Ort ist die Viktoria-Brücke (frz. *Pont Victoria*), die bei ihrer Errichtung als eines der kühnsten Bauwerke ihrer Zeit galt. Bis Mitte des 19. Jahrhunderts konnte der Sankt-Lorenz-Strom in südlicher Richtung nur im Winter bei geschlossener Eisdecke sicher überquert werden. Durch das Aufkommen der Eisenbahn und die Stellung Montreals als Handelsknotenpunkt wurde der Bau einer Brücke über den Fluss jedoch unumgänglich. Ihre Errichtung ist dem Wagemut und den genialen Baukünsten eines Ingenieurs namens Robert Stephenson geschuldet, der auf die Idee einer röhrenförmigen Struktur aus genieteten Eisenplatten kam. Schon während des Baus schrieben Fachblätter über den kongenialen Plan und bezeichneten die Brücke gar als achtes Weltwunder. Um der Außergewöhnlichkeit der Brücke gerecht zu werden, fand eines der frühen Richtfeste im Inneren des ersten fertiggestellten Pfeilers, etwa zwanzig Meter unter dem Wasserspiegel, statt. Es gab für die geladenen Gäste ein rauschendes Bankett samt Orchesterbegleitung. Die Fertigstellung erfolgte im August 1860, als der neunzehnjährige Prinz von Wales den letzten Stein legte. Bereits ein halbes Jahr zuvor hatte die Eisenbahn ihren Verkehr über den Fluss aufgenommen und somit den Anschluss an das Schienennetz der USA geschafft. Die Freude über die Errichtung dieser damals längsten Eisenbahnbrücke der Welt dauerte wochenlang an. Überall in Montreal wurden Feste gefeiert und Bälle gegeben. Auch die Arbeiter, die über Jahre am Bau mitgewirkt hatten, erfüllte die Vollendung der Brücke mit Stolz. Viele von ihnen waren irischer Abstammung und kurz vor Baubeginn vor den heftigsten Hungersnöten seit Menschengedenken geflohen. Rund zwei Millionen Iren gelang in dieser Zeit die Auswanderung. Doch nicht alle überstanden die weite Reise in ein neues Leben. Viele starben während der Überfahrt, weshalb die Schiffe auch »Sarg-Schiffe« (engl. *coffin ships*) genannt wurden. Zwischen Juni und August 1847 stauten sich diese auf dem Sankt-Lorenz-Strom über Dutzende Kilometer, während sie darauf warteten, an der Quarantänestation Grosse Isle (frz. *Grosse-Île*), nördlich von Quebec City, anlegen zu dürfen. Typhus grassierte auf den Schiffen, und wer die Überfahrt und das lange Warten überlebt hatte, konnte nur darauf hoffen, auch die letzte Etappe in einer der Quarantänehütten zu schaffen.

Das ganze Ausmaß der Seuchen jener Jahre, die wir uns mit der Erfahrung der COVID-19-Pandemie vielleicht sogar ganz gut vorstellen können, wird am Grosse Îsle Irish Memorial deutlich, das auch »Graveyard of the Gulf« (dt. *Friedhof des Golfes*) genannt wird. Rund vier Millionen Einwanderer wurden hier isoliert, bevor sie in Kanada ein neues Leben beginnen konnten. Die Gedenkstätte wird von Parks Canada betreut und lohnt einen Besuch, wenn man sich für Geschichte interessiert. Man erreicht sie am besten mit dem Boot von der Marina in Berthier-sur-Mer aus und sollte etwa einen halben Tag dafür einplanen, wenn man Zeit in und um Quebec City verbringt.

Doch zunächst kehren wir nach Montreal zurück, wo ebenfalls Spuren auf die damalige humanitäre Katastrophe hinweisen. Um dem Ansturm der Immigranten gerecht zu werden, wurde bei Windmill Point, unweit der Stadtgrenze, ein zusätzliches Isolationsgebiet errichtet. Hier starben in den Jahren 1847 und 1848 Tausende irische Einwanderer, die zuvor aufopferungsvoll von katholischen Schwestern gepflegt worden waren. Rund zehn Jahre später wurde bei den Bauarbeiten für die Viktoria-Brücke an derselben Stelle versehentlich ein Massengrab mit rund 6000 Gebeinen geöffnet. Für viele der Bauarbeiter war dies ein nachhaltig schockierendes Erlebnis. Nicht zuletzt, um das Erlebte zu verarbeiten und der vielen namenlosen Opfer zu gedenken, verwendeten sie einen riesigen schwarzen Felsblock, den sie in der Nähe gefunden hatten, um die Stelle zu markieren. Der als »Black Rock« bekannte Stein wurde mit folgender Inschrift versehen:

> *To preserve from desecration the remains of 6000 immigrants who died of ship fever A. D. 1847–48 this stone is erected by the workmen of Messrs. Peto, Brassey and Betts employed in the construction of the Victoria Bridge A. D. 1859.**

Heute noch ist der Stein ein Gedenkort der irischen Einwanderer. Jährlich Ende Mai veranstalten sie eine Prozession von der Sankt-Gabriels-Kirche in Pointe-Saint-Charles zum Black Rock, um an die Vorfahren zu erinnern, die hier ums Leben kamen.

Dennoch ist Montreal keineswegs nur rückwärtsgewandt, sondern unternimmt viele Schritte in Richtung Zukunft.

* Um die sterblichen Überreste von 6000 Einwanderern, die 1847–48 n. Chr. am Schiffsfieber starben, vor Grabschändung zu bewahren, wird dieser Stein von den Arbeitern der Herren Peto, Brassey und Betts errichtet, die am Bau der Victoria-Brücke 1859 n. Chr. beteiligt waren.

Während sich die Finanzwelt nach Toronto verlagerte, der hiesigen Mafia, die zeitweilig große Teile des Drogenmarkts Nordamerikas kontrollierte, der Garaus gemacht wurde und die radikalen Separatisten ihren Kampf verloren, schrieb Montreal einen viel beachteten Designwettbewerb aus. Schon die Einrichtung einer Abteilung bei der Stadt, die sich um Design, also keineswegs nur die übliche Stadtplanung kümmern sollte, war eine Sensation. Und der Plan ging auf: 2006 erhielt Montreal von der UNESCO den Titel »City of Design« und gilt seither weltweit als Vorbild, wenn es darum geht, Menschen in Großstädten den öffentlichen Raum angenehm und lebenswert zu gestalten. Dabei werden sämtliche Akteure einbezogen: kleine Geschäfte genauso wie die Gastronomie, Bau- und Städteplaner ebenso wie Bürger und Kinder. Und so gibt es in dieser Stadt weitaus mehr Schönes zu entdecken, als ich in einem Buchkapitel schreiben kann. Nehmen Sie daher doch einfach die Einladung an, flanieren Sie durch die vielfältigen Viertel Montreals und kommen Sie mit den Menschen ins Gespräch – es lohnt sich.

Alles koscher? – Facetten jüdischer Kultur

It is not only what you stand for,
it is what you stand up for.
– Rosalie Abella, Verfassungsrichterin*

Ein Besuch Montreals bliebe sehr unvollständig, ohne in den Reichtum der jüdischen Kultur einzutauchen, und so ist das, ganz buchstäblich, ein Kapitel für sich. Das jüdische Montreal ist ein Kaleidoskop diverser Migrationswellen im Spiegel der Zeit. Ab 1760 kamen Handelsreisende und Kaufleute vorwiegend aus Großbritannien. 1768 wurde nahe dem Hafen eine erste Synagoge gegründet. Zu Beginn des 20. Jahrhunderts flohen ärmere, hauptsächlich aschkenasische Juden vor den Pogromen in Osteuropa. Was ihnen an Geld fehlte, machten sie vielfach durch eine reiche jiddische Kultur wett.

* Rosalie Abella (geb. Silberman) kam 1946 in einem Vertriebenenlager in Stuttgart zur Welt. Ihre Eltern waren Überlebende des Holocaust. 1950 wanderte die Familie nach Kanada aus. Abella, auch ein musikalisches Ausnahmetalent, ging als erste jüdische Richterin, die an das höchste Gericht Kanadas berufen wurde, in die Geschichte ein.

Viele ließen sich entlang des elf Kilometer langen Boulevard Saint-Laurent nieder, der auch liebevoll »The Main« (dt. *die Hauptstraße*) genannt wird. Sie arbeiteten traditionell in der Textilindustrie oder gründeten kleine Familienunternehmen, die sich im Laufe der Zeit einen Namen machten und heute nicht mehr wegzudenken sind.

Kanada verfügt nach Israel, den Vereinigten Staaten und Frankreich über die viertgrößte jüdische Gemeinde in der Welt. Aus geschichtlicher Sicht bedarf das der Erklärung, denn bis in die 1940er-Jahre hinein gehörte Antisemitismus zur offiziellen Regierungspolitik. Kaum eine andere Nation bot weniger Juden Zuflucht, als diese sich vor der Vernichtung durch das deutsche Naziregime retten wollten. Gerade einmal 5000 fanden Aufnahme, und selbst das löste noch Kritik aus. Der für Einwanderung zuständige Regierungsbeauftragte tätigte 1939 den berüchtigten Ausspruch »None is too many« (dt. *Selbst keiner ist noch zu viel!*). Erst nach Ende des Zweiten Weltkriegs setzte ein Umdenken ein. Obwohl die meisten kanadischen Juden in Toronto leben, sind sie doch in Montreal sehr viel sichtbarer und prägen den unverwechselbaren Charakter der Stadt mit. Nach wie vor gibt es einen steten Zuzug, und mittlerweile machen sie zwei Prozent der Bevölkerung aus.

Für die einen ist es die hiesige jüdische Gemeinschaft, die sie anzieht. Das gilt besonders für ultraorthodoxe Juden aus den USA. Für andere ist es diese einzigartige Mischung aus religiöser, künstlerischer, literarischer und wissenschaftlicher Freiheit, die in Montreal die Alte und die Neue Welt verbindet.

Zwei der bekanntesten Schriftsteller der Stadt haben ihre Wurzeln im jüdischen Montreal. In Mordecai Richlers Romanen wird der Leser in das Plateau und Mile End der

1930er- und 1940er-Jahre versetzt, eine Welt, in der er selbst aufgewachsen ist. Er beschreibt mit einer ihm eigenen Ironie die täglichen Kämpfe der Juden im Spannungsfeld zwischen antisemitisch agierenden frankofonen Katholiken und ihren anglofonen protestantischen Nachbarn. Und Leonard Cohen, der eben nicht nur ein begnadeter Sänger war, sondern im besten Sinne des Wortes ein Poet, taucht in seinen Texten immer wieder in die tiefe Spiritualität der von Synagogen und anderen Gotteshäusern gesäumten Straßen Montreals ein.

Neben Religiosität und Kultur manifestiert sich das jüdische Leben Montreals auf Schritt und Tritt in seiner unverwechselbaren Küche. Ab Mitte des vorigen Jahrhunderts kamen Juden aus Nordafrika, dem Iran und schließlich der ehemaligen Sowjetunion nach Montreal – und alle brachten eigene kulinarische Besonderheiten mit. Vom aschkenasischen Rinderbraten über die Falafel der Mizrachim bis hin zu den mannigfaltigen sephardischen Vorspeisen gibt es an kaum einem anderen Ort der Welt so viel Vielfalt auf so engem Raum. Allerdings, das muss auch gesagt werden, ist das wenigste davon glatt-koscher oder von einem Maschgiach offiziell zertifiziert, was auch daran liegt, dass nicht wenige Juden in Montreal eher liberal sind und es häufig gar nicht anders kennen.

Geräuchertes Fleisch (frz. *viande fumée*) und Bagels stammen aus der aschkenasischen Tradition. Obwohl es inzwischen eine Reihe feiner *Delicatessen* (dt. *Feinkostläden*) in Montreal gibt, sollte man wenigstens einmal bei Schwartz einkehren, dem berühmtesten Geschäft seiner Zunft. Chez Schwartz's, wie es eigentlich heißt, wurde 1928 von Reuben Schwartz gegründet, der aus Rumänien eingewandert war. Heute wird es von einer Investorengruppe geleitet, zu der neben anderen namhaften Quebecern auch die Sängerin Céline Dion gehört.

Hier, auf dem Boulevard Saint-Laurent, stehen die Gäste oft in langen Schlangen an, um ein Plätzchen zu ergattern. Schon von Weitem begrüßt einen der rauchig-warme Duft des Lokals. Dort wird Fleisch aus der Rinderbrust gepökelt, gewürzt, dann geräuchert und erst kurz vor dem Servieren von Hand in dünne Scheiben filetiert. Diese werden dann in einer rund sechs Zentimeter dicken Schicht auf ein Roggenbrot gestapelt und mit reichlich Senf bestrichen. Wem das Warten auf einen Tisch zu lange dauert, der kann sein Essen auch auf die Hand nehmen (frz. *à emporter*) und zum Beispiel im nahe gelegenen Jeanne-Mance-Park verzehren – dort kann man wunderbar dem bunten Treiben zuschauen.

Ebenfalls eine schnelle Nummer gibt es bei Wilensky, einem Imbisslokal (frz. *casse-croûte*) und weiteren Traditionsbetrieb auf der Fairmount Avenue. Wer hier eintritt, wird in jeglicher Hinsicht in eine andere Zeit versetzt. Alles stammt original aus den 1930er-Jahren, und im Gegensatz zu Schwartz steht hier immer noch die Familie selbst hinter der Theke. Mordecai Richler setzte diesem Laden in seinem tragikomischen Roman *Die Lehrjahre des Duddy Kravitz* (engl. *The Apprenticeship Of Duddy Kravitz*) ein literarisches Denkmal. Als das Buch Anfang der 1970er-Jahre mit dem Titel *Duddy will hoch hinaus* am Originalschauplatz und mit Richard Dreyfuss in der Hauptrolle verfilmt wurde, galt dies als Geburtsstunde des kanadischen Kinos. Als erster kanadischer Film wurde er auf der Berlinale mit dem Goldenen Bären ausgezeichnet.

Doch zurück zum Deli. Damit sich keine langen Schlangen bilden, geht es hier Schlag auf Schlag, und damit das so bleibt, gibt es ein paar Regeln. Wenn Sie das erste Mal hier sind, können Sie nur eines bestellen: das »Wilensky Special«.

Doch was wäre ein Special, wenn Sie ansonsten nichts darüberwissen? Hier also die dazugehörige Hintergrundgeschichte: Als junger Mann war Harry Wilensky kurz vor 1900 aus Russland gekommen und hatte sich in Montreal niedergelassen, wo er sich als Barbier und Gemischtwarenhändler niederließ. Das Geschäft blühte, und er gründete eine Familie. Mit seiner Frau Ida bekam er drei Kinder – Moe, Archie und Sylvia –, die schon bald alle im Laden mithalfen. Als 1929 die große Depression einsetzte, musste Harry sein Unternehmen aufgeben. 1932 wagte er erneut den Schritt in die Selbstständigkeit und mietete einen Laden an der Ecke Fairmount und Saint Urbain, in dem er im hinteren Teil weiterhin als Barbier arbeitete. Im vorderen Teil kümmerten sich die Söhne Moe und Archie um den Verkauf von Tabak und Gemischtwaren. Durch den wirtschaftlichen Aufschwung jener Jahre war die Konkurrenz in der Nachbarschaft jedoch groß, sodass Moe seinen Vater eines Tages von einer neuen Geschäftsidee überzeugte: Durch den Kauf eines Grills wollte er den Laden um einen Imbiss erweitern. Die Anschaffung kostete die stolze Summe von 68 Dollar und musste mit wöchentlich 25 Cent abgestottert werden. Doch Moe war geschäftstüchtig und hatte sich etwas Besonderes überlegt. Er erfand das »Wilensky Special«, eine Art Montrealer Panino, also ein gegrilltes Sandwich, das er mit Salami und Fleischwurst belegte und mit Senf und eingelegter Gurke servierte. Bis heute ist es die Hausmarke und inzwischen sogar eingetragenes Markenzeichen. Seit 1952 ist der Laden nun an der Ecke Fairmount und Clark ansässig. Der Grill ist immer noch derselbe, ebenso die Maschine, in der der selbst hergestellte Sirup mit Sprudel zu hausgemachter Limonade gemischt wird. Auch wer sonst kein Fan von Cherry Coke ist, sollte diese hier mal probieren!

Was gilt es sonst zu beachten? Wer das Special bestellt, bekommt es so, wie es sich der Schöpfer gedacht hat. Bitte sehen Sie also davon ab zu fragen, ob Sie es ohne Senf oder durchgeschnitten bekommen können. Die Erklärung finden Sie an der Wand neben dem Eingang:

When ordering a Special
you should know a thing or two.
It is always served with mustard;
it is never cut in two.
Don't ask us why; just understand
that this is nothing new.
This is the way that it's been done
since 1932.

Übersetzt heißt das so viel wie: So war's schon 1932, und genauso wird's immer bleiben.

Und noch was: Es wird kein Trinkgeld akzeptiert. Wenn jemand trotzdem Kleingeld hinterlässt, erklärt er sich damit einverstanden, dass es in die Sammelbüchse für einen wohltätigen Zweck geht.

Wem ein ganzes Sandwich zu viel ist, kann auch nur ein *Karnatzel* bestellen. Es kommt einem deutschen Landjäger am nächsten, wobei es hier ausschließlich aus Rindfleisch hergestellt wird. Nach dem Räuchern werden die *Karnatzel* zum Trocknen hinter der Theke aufgehängt und nach circa einer Woche zum Verkauf angeboten.

Wer mehr über jüdisches Essen in Montreal erfahren möchte, dem sei die »Beyond the Bagel«-Führung des Jüdischen Museums ans Herz gelegt, die am Boulevard Saint-Laurent startet. Bei einem Spaziergang durch das Plateau und Mile End werden kulinarische Geschichten aufgetischt, und man erfährt noch jedes Mal etwas Neues. Das Museum, das erst vor wenigen Jahren in eine Tuchfabrik gezogen war, ist seit dem Sommer 2020 wieder heimatlos und nur im Internet erreichbar. Die legendären Führungen finden aber nach wie vor statt.

Quebec – Stadt und Provinz mit Charme

En amour un beau cheveu
est plus fort que quatre bœufs.
– Quebecer Sprichwort*

Quebec ist natürlich viel mehr als Montreal, mehr als seine Speisen und die immensen Vorräte an Ahornsirup. Die Bevölkerung Quebecs, seit 2006 als eigenständige Nation innerhalb Kanadas anerkannt, fühlt sich häufig übergangen und vergessen, wegen kultureller Unterschiede und seiner Sprache gelegentlich richtiggehend stiefmütterlich behandelt. Es ist jedoch – und das sollte man wirklich nicht vergessen, wenn einem die frankofone Welt etwas engstirnig vorkommen mag – flächenmäßig die größte Provinz Kanadas und kommt in der Bevölkerungsdichte an zweiter Stelle, gleich hinter Ontario. Diese Ausdehnung bedeutet für Quebec auch, dass es Gegenden gibt, in denen der Anschluss an den Lebensstandard der Städter fehlt, die Infrastruktur schlecht

* Dt. *In der Liebe ist schönes Haar stärker als vier Ochsen.*

ist, man aber umgekehrt auch »off the grid«, also außerhalb ziviler Gefüge leben kann. Offiziell ist das in Kanada nicht gerne gesehen. Zu groß ist die Sorge, dass Menschen im Falle von Katastrophen und anderen Notlagen nicht erreichbar sind. Den meisten Aussteigern ist das freilich egal, und das Land ist zu groß, als dass die Kontrolle flächendeckend möglich wäre. Nirgendwo ist das so auffällig wie an den Rändern der großen Provinzen, so auch in Quebec.

Um Ihnen die Illusion gleich zu Anfang zu nehmen: Nicht alles, was in Quebec französisch daherkommt, ist schön, beschaulich, freundlich und extra für Sie, den Reisenden, nach Nordamerika gekommen. Der Quebecer an sich mag Leute, die anderswoher kommen, erst mal nicht. Er braucht sie nicht. Sie stellen dumme Fragen. Sie verstehen sein Französisch nicht, und er wiederum findet sie hochnäsig. Überhaupt wäre die Welt ein besserer Ort, wenn es außer Quebec kein anderes Land gäbe. Jedenfalls keines, von dem aus man nach Quebec gelangt. Ein guter Freund, den ich zwar zitieren, aber nicht namentlich nennen darf, behauptet sogar: »Quebecer hassen Leute, die nicht von hier sind.« Harte Worte! Doch in der Tat gibt es für die meisten frankophil veranlagten Menschen und sogar Französisch-Muttersprachler ein kleines Hindernis in der Kommunikation mit den *Québécois*. Es hat wahrscheinlich weniger mit der Linguistik zu tun als mit kulturellen Unterschieden.

Nirgendwo wird dies deutlicher als im Umgang mit Schimpfworten. Wenn Sie schon mal eine Fremdsprache gelernt haben und dies womöglich auch noch dort, wo es die Landessprache ist, wissen Sie, dass man Flüche, Schimpftiraden und all das, was man besser nicht sagen sollte, zuerst lernt. Es liegt in der Natur der Sache. Es sind häufig unbewusst die Worte, die am meisten im Alltag und »auf der Straße« (am

Strand, in der Schule, am Arbeitsplatz ...) benutzt werden. Das vielleicht am häufigsten gebrauchte und als am unanständigsten empfundene Wort im Englischen zitiere ich am liebsten aus *Vier Hochzeiten und ein Todesfall*. Sie erinnern sich vielleicht: Hugh Grant in seiner Paraderolle ist immer zu spät dran. Es steht eine Hochzeit im Kalender, und er verschläft. Es folgt ein gepflegt zwischen den Lippen hervorgepresstes »Fuck!«, das ich wohl kaum übersetzen muss. Ganze 27-mal fällt es in diesem Film und ist nicht zuletzt auch dadurch schon fast (aber wirklich nur fast) salonfähig geworden. Da ein Frankokanadier jedoch niemals »Fuck!« sagen würde – schon allein aus Angst vor der Sprachpolizei – und er schon gar nicht so hochgestochen wie ein Franzose schimpfen würde, musste ein eigener Jargon her. Den versteht aber außer ihm leider keiner. Damit Sie quasi eingeweiht sind, stelle ich Ihnen einmal die wichtigsten Begriffe vor.

Bei einem meiner ersten Spaziergänge durch Montreal fiel mir ein Briefkasten auf, auf dem »Pas de publicité tabernak« geschrieben stand. Klarer Fall. Hier wollte jemand keine Werbung erhalten, aber was um alles in der Welt sollte nun »tabernak« bedeuten? Meine erste Assoziation war freilich Schabernack, gleich hinter irgendwas mit Tabak, bis ich schließlich draufkam: Tabernakel! Aber was hatte nun das Tabernakel, der Aufbewahrungsort des Allerheiligsten, an einem profanen Briefkasten zu suchen? Ein Freund klärte mich auf: »No fucking advertisement« (dt. *Verdammt noch mal keine Werbung einwerfen*). Alternative Schreibweisen sind auch »tabarnak« und »tabernac«. Es ist schlicht das schlimmste Schimpfwort, das man auf *Québecois* kennt. So ziemlich alle Schmähungen hier enthalten *sacres*, also Wörter, die aus dem Dunstkreis der katholischen Kirche kommen. Logisch: Während der prüde-puritanische Angelsachse seine Invektiven aus dem Bereich der Sexualität bezieht, bedient sich der fromme Frankokanadier beim Heiligsten der katholischen Kirche. Angeblich gehen die Ausdrücke auf das frühe 19. Jahrhundert zurück, als Moraltheologie und soziale Kontrolle durch die Kirche in Quebec großen Unmut auslösten. Um ihrem Ärger Luft zu machen, widmeten die Quebecer die Bedeutung mancher, an sich harmloser Worte, um. Es lässt sich nicht nachweisen, ob *sacrament* dabei tatsächlich den Anfang machte, aber einige Quellen sprechen dafür. Den Bayern unter den Lesern dürfte dieser Kraftausdruck durchaus auch bekannt sein. Wurde der alltäglichen Verwendung dieser Ausdrücke anfangs noch ein schwaches »Ne dites pas ça, c'est sacré!« (dt. *Sagt das nicht, es ist heilig!*) entgegengesetzt, verkürzte sich das im Lauf der Jahre zu *sacres* als Synonym für die heiligen Worte, mit denen es sich so wunderbar fluchen lässt.

Weitere »sakrale« Beispiele sind *câlice* (dt. *Kelch*) und *ciboire* (dt. *Ziborium*), und damit haben wir im Wesentlichen auch schon die drei entscheidenden Worte beisammen, die man kennen sollte, wobei *tabernak* das bei Weitem deutlichste ist. Nirgendwo lässt sich die Verwendung dieser wichtigen Vokabel besser studieren als in einer Brasserie. Im Cheval Blanc (dt. *Weißen Rössl*) auf der Rue Ontario wird das Bier in der ältesten Hausbrauerei der Stadt gebraut. Je fortgeschrittener hier der Abend, desto deftiger (und lauter) werden die Gespräche. Feldstudien zu frankokanadischen Ausdrücken können nun unauffällig durchgeführt werden. Wem dann ein »Osti de tabernak de sacrement, de calisse de ciboire de criss de marde!« zu Ohren kommt, muss dies gar nicht wörtlich übersetzen können (und geschrieben wird es eh al gusto). Es entspricht dem englischen *Fuck* hoch zehn.

Eine *ostie de colon* (dt. wörtl. *Hostie des Darms*) entspricht dem deutschen Arschloch, während *on s'en coliss* (dt. wörtl.

Ist uns ein Kelch) bedeutet, dass einem etwas herzlich egal ist. Sagt jemand »j'ai le feu au cul!« (dt. wörtl. *Ich habe Feuer im Hintern*) will er sagen, dass er wirklich sauer ist.

Wenn Sie »Decriss!« hören, sollten Sie die Beine in die Hand nehmen. In den passiven Wortschatz gehören *guidoune* (dt. *Schlampe*) und *pitoune* (dt. *Flittchen*, wobei der Ausdruck ursprünglich aus der Holzwirtschaft kommt und einen gefällten Baum meint). Insbesondere Frauen ist angeraten, einen großen Bogen um Herrschaften zu machen, die sich dieser Ausdrücke bedienen.

Was mich wieder zum Film zurückbringt. In *Good Cop Bad Cop* (im Original *Bon Cop, Bad Cop*) spielt zwar weder Hugh Grant mit noch wird geheiratet, dafür ist der Film aus dem Jahr 2006 eine der finanziell erfolgreichsten kanadischen Kinoproduktionen aller Zeiten. Die Story ist einfach: Ein englischsprachiger Polizist aus Ontario, der das Gesetz wörtlich auslegt, wird zu Ermittlungen in einem Mordfall an die Grenze zu Quebec geschickt, wo er mit einem französischsprachigen Kollegen zusammenarbeiten muss, der Vorschriften eher seinen Bedürfnissen anzupassen weiß. In dieser schwarzen Actionkomödie wird mit viel Gespür für die gegenseitigen Schwächen das Verhältnis von »Anglos« und »Francos« aufs Korn genommen. Das wirklich Wunderbare an diesem Film sind die Dialoge, in denen zum Teil heftig geflucht wird, und zwar je zur Hälfte auf Englisch und Französisch, denn es ist auch der erste tatsächlich zweisprachige Film Kanadas.

Montreal ist zwar die einzige Metropole in der Region, doch Provinzhauptstadt ist und bleibt nun einmal das mit einer halben Million Einwohnern deutlich kleinere Quebec (frz. *Ville de Québec*). Hier können Sie eine eher unbekannte Seite

Kanadas entdecken. Die »alte Hauptstadt« (frz. *la Vieille Capitale*) liegt am Nordufer des Sankt-Lorenz-Stroms. Vom Fluss aus ist die Silhouette besonders markant: Auf einem Hochplateau liegt das Zentrum, über dem, einer Krone gleich, das Château Frontenac thront. Es ist freilich kein richtiges Schloss, aber immerhin ein Luxushotel, in dem man sich wie ein König fühlen kann. Im Jahr 1893 im Auftrag der *Canadian Pacific Railway* erbaut, passt es in seinem historisierenden Baustil perfekt ins Stadtbild und ist eines der meistfotografierten Hotels der Welt. Und – wie könnte es auch anders sein – natürlich musste es auch schon als Filmkulisse herhalten, und zwar für das Hitchcock-Drama *Ich beichte* (engl. *I Confess*) mit dem unvergessenen Karl Malden in einer frühen Rolle als Inspektor Larrue. Der Film spielt in einer Zeit, in der der Mörder immer – Sie ahnen es bereits – der Gärtner ist. Die Geschichte dreht sich jedenfalls um ein deutsches Emigrantenpaar in Quebec, das in einen Mord verwickelt ist. Das Hotel taucht dabei mehrfach im Bild auf und spielt besonders am Ende eine entscheidende Rolle.

Überhaupt ist Quebec ein architektonisches Schmuckstück. Die gut erhaltene Altstadt sucht ihresgleichen in Nordamerika und weist Gebäude mit deutlich französischen Merkmalen auf, die bis ins frühe 17. Jahrhundert zurückreichen. Die Oberstadt (frz. *Haute-Ville*) ist von einer viereinhalb Kilometer langen Mauer mit einer sternförmigen Zitadelle umgeben, welche Quebec zur einzigen befestigten Stadt auf dem Kontinent macht. Seit 1985 ist die Altstadt mit ihren Befestigungsanlagen UNESCO-Weltkulturerbe.

In der Unterstadt (frz. *Basse-Ville*) befindet sich der Place Royale, der nicht nur der älteste Teil ist, sondern als Wiege der französischen Zivilisation in Amerika gilt. 1608 erbaute genau an dieser Stelle Samuel de Champlain, der Forschungsreisende und Gouverneur Neufrankreichs, den ersten befestigten Handelsposten. Das »französisch« ist freilich ein recht neu hinzugefügtes Adjektiv. In früheren Jahrhunderten sahen es die Franzosen schlicht als ihre Errungenschaft an, die »Zivilisation« nach Nordamerika gebracht zu haben. Am gleichen Ort steht auch die ursprünglich 1688 erbaute Kirche Notre-Dame-des-Victoires (dt. *Unsere Liebe Frau der Siege*), die erste Steinkirche Nordamerikas und älteste katholische Gemeinde auf dem gesamten Kontinent.

Auch in Quebec kann man die Zeit, ähnlich wie in Frankreich, herrlich vertrödeln. Am liebsten lasse ich mich im Quartier du Petit Champlain treiben. Enge Gassen mit Kopfsteinpflaster führen in immer neuen Abzweigungen zu Galerien, kleinen Läden und Cafés – nichts deutet darauf hin, dass man sich in Nordamerika befindet. Einen besonders schönen Ausblick genießt man von der Halsbrecher-Treppe (frz. *L'Escalier Casse-Cou*) aus, die Ober- und Unterstadt miteinander verbindet, tatsächlich sehr steil ist und in ihrer ursprünglichen Form 1635 erbaut wurde. In der Weihnachtszeit gibt es kaum einen romantischeren Ort in Kanada!

Apropos Ausblick: den schönsten hat man von der Terrasse Dufferin, die sich von der Zitadelle entlang des Château Frontenac bis hin zum Place d'Armes zieht. Der Blick über die Stadt, den Sankt-Lorenz-Strom bis weit in die Landschaft ist zu jeder Jahreszeit atemberaubend. Von der Terrasse führt seit 1879 eine Standseilbahn (die einzige Nordamerikas) mit dem wohlklingenden Namen »Funiculair du Vieux-Québec« über den Felssporn Cap Diamant hinab in die Unterstadt. Während man ins Tal schwebt, bieten die Glaskabinen schöne Blicke in die Gassen, Hinterhöfe und auf den Fluss.

Auf der entgegengesetzten Seite der Terrasse wird im Winter alljährlich eine Rodelbahn eröffnet, auf welcher man auf einem Toboggan, einem kufenlosen Schlitten aus Birkenholz, ins Tal rodeln kann.

In Laufweite zur Altstadt befinden sich im Übrigen zahlreiche Parkanlagen und grüne Oasen, darunter die 98 Hektar große Abraham-Ebene (frz. *Plaines d'Abraham*), auf der 1759 die entscheidende Schlacht zwischen Engländern und Franzosen ausgetragen wurde. Hier kann man außerdem drei erhaltene Martello-Türme, Befestigungen des britischen Empires, sowie ein Museum zu diesem geschichtsträchtigen Ort besichtigen.

Von Quebec aus lassen sich wunderbar Tagesausflüge in alle Himmelsrichtungen unternehmen und immer neue Entdeckungen machen. Können Sie sich zum Beispiel vorstellen, dass es hier, in dieser ehemals erzkatholischen Provinz, einen Ort namens »Brustwarze« (engl. *nipple*) gibt? Ich dachte auch zuerst, dass ich veralbert werde. Doch nein, den Ort gibt es wirklich, und er ist tatsächlich eine Reise wert. Natürlich heißt er nicht »Nipple«, sondern Tadoussac, was aber übersetzt das Gleiche bedeutet (und worüber zweisprachige Kanadier gerne Witze machen). Der Ortsname wurde von »tatsoushak« abgeleitet, einem Wort der hier siedelnden Innu, die den Ort möglicherweise wegen zweier runder Sandhügel als »Busen« bezeichneten. Das allein würde freilich noch keinen Besuch rechtfertigen. Doch was sich hier am Zufluss des Saguenay in den Sankt-Lorenz-Strom eigentlich lohnt, sind die Bootsfahrten zu den Walen. In kleinen Gruppen lassen sich hier besonders schön Belugas, Mink- und Finnwale beobachten.

Etwas nordöstlich von Quebec findet sich der 83 Meter hohe Montmorency-Wasserfall (frz. *Chute Montmorency*). Für mich ist er schlicht die bessere Alternative zu den Niagarafällen. Nicht nur, dass er rund dreißig Meter höher ist, es geht hier weitaus entspannter zu, obwohl der Montmorency zu den beliebtesten Attraktionen der Provinz zählt. Vom Fuß des Wasserfalls kann man wahlweise mit einer Seilbahn oder über eine Treppe auf die obere Ebene gelangen. Über die Kaskaden führt eine Hängebrücke, von welcher man einen atemberaubenden Blick in die Tiefe hat. Im Winter, wenn hier häufig zweistellige Minustemperaturen herrschen, vereisen zudem die Ränder des Wasserfalls und bieten so eine einzigartige Naturwand für Eiskletterer. Eine weitere Kuriosität ist der Eishügel, den die frierende Gischt im Lauf des Winters am unteren Ende bildet. Dieser *pain de sucre* (dt. *Zuckerhut*) erreicht leicht eine Höhe von bis zu dreißig Metern.

Doch ganz egal, wohin es Sie in Quebec zieht: Das Provinzmotto »Québec – Je me souviens« (dt. *Quebec – Gedenken werde ich immer*) wird in jedem Fall eingelöst werden.

Wie Kanada zu seinem Namen kam – oder: von falschen Freunden und verrückten Orten

In Canada we have enough
to do keeping up with two spoken languages,
so we just go right ahead and use English for literature,
Scotch for sermons and American for conversation.
– Stephen Leacock, Schriftsteller (1869–1944)

Kanada ist als Einwandererland von jeher unterschiedlichsten Einflüssen ausgesetzt gewesen – auch bezüglich der Sprache. Viele Begriffe der First Nations sind in beide Landessprachen eingeflossen, darunter auch der Name des Landes selbst, und das kam so:

Der französische Entdecker Jacques Cartier hatte von seiner ersten Reise in die Neue Welt zwei Häuptlingssöhne mit nach Europa genommen, die ihn auf seiner zweiten Fahrt zurück in die Neue Welt begleiteten. Als diese nun bei der Einfahrt in den Sankt-Lorenz-Strom begannen, sich wieder auszukennen, riefen sie Cartier zu, dass hier der Weg nach *Kanata* verlaufe. Während die Männer damit den Weg in ihr

Dorf meinten, verstand Cartier, dass sie das Land so bezeichneten. Am 17. August 1535 schrieb er in sein Tagebuch: »Die beiden Jugendlichen haben uns versichert, dass dies der Anfang und der Weg nach Kanada ist.« Kurze Zeit später taufte er die Region als Provinz Kanada und bezeichnete den heutigen Sankt-Lorenz-Strom als »Kanada-Fluss«. Die Siedlung der jungen Männer war der Ort, an dem später die Stadt Quebec erbaut wurde.

»Kanada« erschien erstmals um 1547 niedergeschrieben auf einer Weltkarte, und es wurde schnell der gebräuchlichere Name für die Kolonie Neufrankreich. In der Literatur findet sich das Land schließlich bei Voltaire wieder. Er nannte es in seinen Briefen, wie auch in seiner satirischen Novelle *Candide,* bereits Kanada, weshalb das Buch immer wieder in kanadischen Lehrplänen auftaucht. Die Briten in den Kronkolonien südlich davon bezeichneten Neufrankreich nach der Eroberung schließlich als Provinz Quebec, was die Frankofonen allerdings schon deshalb nicht gut finden konnten, weil es von den Engländern ausging. Sie wollten lieber, dass es Kanada hieße. Schließlich gaben die Briten nach, führten den Namen im *Canada Act* von 1791 ein und unterteilten die Kolonie offiziell in *Upper* und *Lower Canada.* 1841 wurden die beiden Gebiete vereint und hießen fortan Britische Provinz Kanada.

Inzwischen hatte sich der Wind gedreht und die französischsprachige Bevölkerung fand Quebec doch passender für ihre Region. Als sich nun alle britischen Kolonien zu einem Land vereinen wollten, gab es zwar Kanada als Namen schon, aber die Gründerväter zogen eine Reihe weiterer Namen in Erwägung. Da war zum einen Albertsland, um dem verstorbenen Mann von Queen Victoria ein Denkmal zu setzen. In die engere Auswahl kamen außerdem Albionara, Borealia,

Britannia, Cabotia, Mesoplagia, Norland, Superior, Transatlantia und Victorialand. Ein besonders bizarrer Vorschlag lautete Efisga als Akronym aus England, Frankreich, Irland, Schottland, Deutschland und Aboriginal Lands. Für heutige Ohren hören sich wohl all diese Vorschläge absurd an, und so dürfen wir froh sein, dass sich die Herren zur Gründung der Föderation 1867 auf das »Herrschaftsgebiet Kanada« (engl. *Dominion of Canada*) einigten, 332 Jahre nachdem Cartier erstmals den Namen gehört hatte. Ursprünglich hatte es »Königreich Kanada« heißen sollen. Doch aus Sorge vor einem Konflikt mit den US-Amerikanern, die gerade erst den Bürgerkrieg zwischen Nord- und Südstaaten beendet hatten, lehnte der britische Außenminister Lord Derby den Namen und damit die sehr deutliche Verbundenheit zur Monarchie ab. Stattdessen entstand die Idee des *Dominion*, das seinen Ursprung im Psalm 72 hat und zugleich das Staatsmotto des neuen Landes begründete. Darin heißt es: »Er herrsche von Meer zu Meer, vom Strom bis an die Enden der Erde.« (engl. *He shall have dominion also from sea to sea, and from the river unto the ends of the earth.*) *A mari usque ad mare*, von Meer zu Meer also – was für ein passendes Motto!

Wer einmal Kanada von einer Küste zur anderen durchquert oder aber auch nur ein paar Tage in Toronto, Montreal oder Vancouver verbringt, wird schnell feststellen, dass hier viele Sprachen gesprochen werden. Neben den Idiomen der First Nations wie Cree, Ojibwa, Mohawk und Cherokee hört man außer Englisch und Französisch die Sprachen der unterschiedlichsten Einwanderer, darunter Mandarin, Koreanisch, Tamil, Hindi, Polnisch, Spanisch, Portugiesisch, Italienisch, Griechisch, Ukrainisch, Niederländisch und auch Deutsch. Selbst an der Junior High School meines Sohnes, die in etwa der deutschen Mittelstufe entspricht, werden Kinder aus rund dreißig Herkunftsländern unterrichtet. Auf Elternabenden hört man die unterschiedlichsten Akzente, und wenn man meint, ein bestimmtes Land herauszuhören, kann man fast sicher sein, dass es doch ein ganz anderes ist. Selbst unter den einheimischen Muttersprachlern bestehen große Unterschiede. Längst nicht alle lesen und schreiben *Canadian Standard English*. In Nova Scotia, wo ich lebe, gibt es zum Beispiel *Cape Breton English* und *Lunenburg English*.

Historisch bedingt gibt es auf Cape Breton noch recht viele Menschen, die Gälisch sprechen, der Einfluss der Schotten und Iren auf den hiesigen Dialekt ist groß. In und um Lunenburg wiederum macht sich der Einfluss deutscher Siedler bemerkbar, weshalb es für Deutsche bis heute lustig ist, wenn sie Einheimischen begegnen, die sich anhören, als wollten sie deutsche Touristen auf den Arm nehmen, die Schwierigkeiten damit haben, das *th* auszusprechen. Da heißt es dann nämlich »de« (engl. *the*), »dose« (engl. *those*), »dem« (engl. *them*) und »dey« (engl. *they*). Ebenso wird hier das V wie ein W ausgesprochen, was die Deutschsprachigen im Englischen ebenfalls verrät. Also etwa »telewischen« (engl. *television*) oder auch »wideo« (engl. *video*). Auch geteilte Verben wie »mitgehen« oder »abwaschen« wurden im Satzbau ins Englische integriert. Da heißt es dann etwa »Come on with!« (korrekt wäre *come with me/let's go*) oder »Will you go with?« (korrekt *Are you coming?*) und auch »Will you wash your face off?« (statt *Will you wash your face?*). Die Vorstellung, dass jemand sein Gesicht tatsächlich wegwaschen würde, löst jedenfalls unter Muttersprachlern großes Stirnrunzeln aus. Zu guter Letzt hat sich auch ein »Katzensprung« ins hiesige Englisch geschlichen und heißt hier, wie könnte es anders sein, *a cat's jump*.

Es gibt aber auch noch *Aboriginal English* (dt. *Englisch der Ureinwohner*), *Ottawa Valley English*, *Pacific West Coast English*, *Quebec English* und *Inland Canadian English*, um nur ein paar Dialekte zu nennen. Jeder hat dabei einen eigenen Akzent, eigene Herleitungen zu Worten und Satzbau, die häufig durch die dominierende Einwanderergruppe geprägt wurden. Die Kanadier sind stolz auf ihre regionalen Unterschiede, und ihre Toleranz ob dieser Sprachvielfalt gehört zum Kern ihres Selbstverständnisses. Eine Besonderheit im ganzen Land ist jedoch ein kleines Anhängsel, das so gut wie immer passt: Was den Schweizern ihr »odr?« ist, das auf Hochdeutsch in etwa mit »nicht wahr?« übersetzt wird, ist dem Kanadier das »eh?«. Nicht nur, dass es ihm heilig ist, er möchte auch nicht, dass es nachgeäfft oder falsch gebraucht wird, weil man sich etwa anbiedern will. Da wird er ganz missmutig! Wie wird *eh* also benutzt? Man kann damit eine Meinung zum Ausdruck bringen: »It's a beautiful day, eh?« (dt. *Was für ein schöner Tag!*) Oder es als Ausrufezeichen nutzen: »What a giant, eh?« (dt. *Was ein Riesenkerl!*) Man kann damit zeigen, dass man überrascht ist: »What an awfully nice surprise, eh?« (dt. *Ich bin ganz überwältigt!*) Und man kann sogar etwas freundlich anweisen: »Put it in the bin, eh?« (dt. *Sei so lieb und wirf es in den Müll, ja?*) Die hohe Kunst der Nuance beweist der Kanadier schließlich, wenn es – ganz leicht passiv-aggressiv – darum geht, jemandem scheinbar freundlich die Meinung zu sagen: »You really screwed that one up, eh?« (dt. *Da hast du ja ganz schöne Scheiße gebaut.*)

Jack Chambers, ein Linguist der Universität Toronto, hat dazu einen Aufsatz geschrieben. Seinen Untersuchungen zufolge ist *eh* dazu da, sich am Ende einer Meinungsäußerung oder einer Erklärung auf eine Ebene mit dem Zuhörer zu begeben und so seine Solidarität zum Ausdruck zu bringen.

Es wird keine Reaktion darauf erwartet, sondern signalisiert lediglich, dass man sicherlich einer Meinung sei. Selbst bei einer Bitte oder Kritik geht es darum, das gemeinsame Moment zu betonen. Wenn man also beispielsweise sagt: »You are an idiot, eh?«, ist damit gemeint, dass der andere bitte schön auch der Ansicht sein soll, was für ein Trottel er ist, und diese Anerkenntnis führt wiederum dazu, dass in dieser Hinsicht Einigkeit besteht. Linguisten haben jedoch in den letzten Jahrzehnten ein Verschwinden des *eh* aus den Städten beobachtet. Weitaus mehr ist es noch auf dem Land gebräuchlich. Es gilt inzwischen fast als etwas hinterwäldlerisch, ungebildet und stoffelig – obwohl es eigentlich charmant ist und selbst unter Kanadiern als Markenzeichen ihres Landes gesehen wird. Das lernen schon die Kleinsten. So trägt ein beliebtes Buchstabierbuch, das auf kanadischer Kulturgeschichte basiert, den hübschen, jedoch schwer zu übersetzenden Titel *Eh? to Zed*.

Das kanadische Französisch gilt nicht als eigenständige Sprache oder Dialekt. Es gleicht weitgehend dem Französisch, das auf dem europäischen Kontinent gesprochen wird – offiziell. Fragt man einen *Québécois*, wird er einem allerdings bestimmt versichern, dass es sich bei der hiesigen Sprache um etwas völlig anderes handelt! Linguisten haben jedoch festgestellt: Es gibt zwar »Quebecismen«, aber diese beschränken sich auf teilweise absurde Einzelfälle wie beispielsweise das Schneemobil (qfr. *motoneige),* das Alter, in dem man in Rente geht (qfr. *âge d'or;* wörtlich: *das goldene Alter),* das Grillen von frischen Maiskolben (qfr. *l'épluchette de blé d'Inde)*, den Gemischtwarenladen (qfr. *dépanneur*) oder auch den Zigarettenladen (qfr. *tabagie*). Die Behörde für die französische Sprache in Quebec (frz. *L'Office de la Langue Française du Québec*) ist der Hüter der Quebecismen. Gemeinsam mit Linguisten der frankofonen Universitäten erforscht sie laufend die Entwicklung des Französischen in der Provinz und fördert es gleichzeitig als Staatssprache. Bereits seit Mitte der 1960er-Jahre gibt es beispielsweise landesweit Immersionsprogramme an Kindergärten und Schulen, um der Dominanz des Englischen entgegenzuwirken. Wie in anderen mehrsprachigen Ländern, darunter Finnland und die Schweiz, hat sich dies auf breiter Basis bewährt. In Quebec gibt es außerdem die umgangssprachlich »tongue troopers« genannte Sprachpolizei, die peinlich genau darauf achtet, dass Schilder in der einzigen französischsprachigen Provinz korrekt übersetzt sind. Sie achtet auch darauf, dass nirgendwo, etwa aus Nachlässigkeit, Werbung oder Bekanntmachungen nur auf Englisch stehen.

Wer in Kanada auf eine englischsprachige Schule geht, hat in jedem Fall Französisch als Schulfach. So kommt kein junger Kanadier mehr umhin, zumindest ein bisschen zu verstehen, und je näher er an Quebec lebt, desto häufiger spricht er es auch ein wenig.

Die Sprachen der First Nations sterben hingegen immer weiter aus. Nur rund 0,6 Prozent oder etwa 200 000 Menschen gaben beim Census 2016 an, eine indigene Muttersprache zu haben.

Gerade Schriftsteller haben immer wieder dazu beigetragen, der Sprache und dem Sprachwitz der Kanadier Denkmäler zu setzen. Den Namen Thomas Chandler Haliburton (1796–1865) haben Sie vermutlich noch nie gehört. Der aus Windsor in Nova Scotia stammende Literat hat jedoch eine Reihe Sprichwörter popularisiert, die Eingang in die englische Sprache gefunden haben und auf die man in Kanada durchaus stolz ist. Darunter auch solche, die Ihnen bekannt sein dürften wie *It's raining cats and dogs* (dt. *Es schüttet wie aus Eimern*) oder *The early bird catches the worm* (dt. *Der frühe Vogel fängt den Wurm*) oder auch *Truth is stranger than fiction* (dt. *Das wahre Leben ist verrückter als die Dichtung*) und *Barking up the wrong tree* (dt. *Auf dem Holzweg sein*).

Zu Missverständnissen hingegen kann es bei ganz banalen Dingen wie dem stillen Örtchen kommen. In Kanada fragt man nach dem *washroom* oder, wenn man sehr fein ist, nach dem *powder room*. Letzterer wurde in den 1920er-Jahren gebräuchlich, als die Damen natürlich niemals zur Toilette mussten, sondern sich höchstens das Näschen puderten. Inzwischen ist es unter Architekten, Innenausstattern und Maklern geradezu *en vogue*, dass eine Wohnung und erst recht ein Haus nicht etwa ein Gästebad, sondern eben einen *powder room* hat. Hört sich doch gleich viel eleganter an.

Wenn in Kanada über die Anschaffung eines Chesterfields nachgedacht wird, geht man nicht eben mal Zigaretten holen, sondern ins Möbelhaus, um ein Sofa zu kaufen. Jalousien heißen hier *blinds*, und die Armaturen im Bad sind die *taps*. Im Restaurant gibt es *serviettes* statt *napkins* und auf dem Kopf tragen die jungen Leute keine Beanies, sondern eine *toque*. Linguisten nennen dies Kanadismen, und es gibt mehr als 10 000 davon, die Sie aber keinesfalls alle kennen müssen. Mit ein paar Idiomen möchte ich Sie jedoch noch bekannt machen:

Ein *flat* ist kein Apartment, sondern entweder ein *flat tire* (dt. *ein platter Reifen*) oder eine Packung mit 24 Dosen Bier. Das Wort *banker* kann neben dem ehrenwerten Beruf auch – und an den Küsten sehr viel wahrscheinlicher – einen Schoner bezeichnen, der im Nordatlantik, insbesondere an der Neufundlandbank, der Fischerei nachgeht. Wird Ihnen an der kanadischen Atlantikküste *Chow-chow* serviert, brauchen Sie keine Sorge haben, dass Ihnen ein Hund vorgesetzt wird. Es handelt sich dabei um das gleichnamige und äußerst beliebte Chutney aus grünen Tomaten.

Im Ottawa Valley ist man etwas mundfaul und sagt etwa statt »hundred« (dt. *hundert*) »hunnerd« oder statt »tomorrow« (dt. *morgen*) ein verkürztes »namarra«. Die Stadt Renfrew in besagtem Tal wird gerne auch »The Frew« genannt. Eine andere schöne Verkürzung, die schon mal für Missverständnisse sorgen kann, entsteht, wenn im südwestlichen Ontario das D in Worten verschwindet. Da wird dann zum Beispiel aus London »Lunnen«.

Besondere Bezeichnungen, die man kennen sollte, gibt es natürlich auch. So wird in Saskatchewan ein Kapuzenpullover »bunny hug« (dt. *Häschenknuddel*) genannt, während in Alberta Pullis und Jacken, in denen sich die linke und rechte Tasche zu einer gemeinsamen vereinen, »kangaroo jacket« (dt. *Kängurujacke*) oder kurz »kangaroo« heißen.

Viele Spracheigenheiten lassen sich aus bestimmten Lebensfeldern ableiten. Durch die Abgeschiedenheit weiter Landesteile ist vieles, was fremd ist, mit einer Art Code versehen. So bezeichnen sich die Neuschotten selbst als *Bluenoser*, Bezug nehmend auf den gleichnamigen Schiffstyp, während der Fremde, egal ob Urlauber oder Zugezogener, schlicht *CFA* genannt wird, die Abkürzung für *come from away* (dt. *auswärtig*), was aber zugleich auch die offizielle Bezeichnung für den *Chartered Financial Analyst* (dt. *Anlageberater*) ist, der von den Farmern und Seeleuten als völlig (welt-)fremd angesehen wird, da er Kanada nur ins Verderben stürzt. Überhaupt kann ich nur raten, sich mit Fischern gutzustellen – nicht nur, weil man bei ihnen an der Quelle für den besten Fisch und die frischesten Meeresfrüchte sitzt. Sie sind zudem meist lebenskluge und äußerst lustige Menschen mit einem wunderbar trockenen Humor. Von ihnen habe ich zwei weitere Redewendungen gelernt: Während die Städter unter einem *Clambake* einen Fundraising-Event mit Meeresfrüchten verstehen, meinen die Fischer damit Sex am Strand. Bestellen Sie aber an der Bar bitte niemals einen *Clambake* – der Cocktail heißt auch in Kanada *Sex on the Beach*. Wenn Ihnen der Barkeeper dazu *Digby Chicks* anbietet, handelt es sich dabei weder um einen Versprecher (die Dixie Chicks mögen mir diese Assoziation verzeihen) noch um leicht bekleidete Damen oder gar Hühnchen. Es ist schlicht ein Snack, der mit Salzhering zubereitet wird. Zu guter Letzt würde der Fischer jetzt meinen, dass genug gequatscht sei und ich mal zum Ende kommen soll. Kurz und bündig würde er sagen: »Clap your trap« – halt die Klappe. Ich bin ja schon still, denn die folgenden Ausdrücke benötigen sicherlich weniger Erklärung:

Kleines maritimes Kanadisch-Lexikon

about as much fun as a heart attack	unangenehm
a goose walked over my grave	eine Gänsehaut bekommen
a dog's breakfast	ein richtiger Scheiß
a face only a mother could love	ein sehr hässliches Gesicht
as pigheaded as a tractor off course	äußerst stur
as scarce as hen's teeth	ungewöhnlich, selten
as slow as cold molasses going up a hill in the middle of January	sehr langsam, zähflüssig

as sure as Christ made little apples	so sicher wie das Amen in der Kirche
bed lunch	Betthupferl, nächtlicher Imbiss
better than a kick in the arse with a frozen boot	es hätte alles viel schlimmer kommen können
between hay and grass	Zeitangabe, die den späten Winter oder Frühling meint, wenn das Heu alle ist und es noch kein Gras auf den Weiden gibt
bootlicker, brownnoser	Stiefellecker, Arschkriecher
boughten bread	gekauftes (und in der Regel vorgeschnittenes) Brot
brake burns	Bremsspuren, die absichtlich von jungen Männern mit den ersten Autos hinterlassen werden
bread poultice	Brotwickel zum Lindern von Entzündungen
bright as a burned-out light bulb	nicht der Hellste
built like a dory plug/like a brick shithouse	von kleiner und dicker Statur
by the Lord thundering Jesus	Potzblitz
can't shine shit	man kann die Dinge nicht besser aussehen lassen, als sie sind (gerne zu Zeiten von COVID-19 verwendet)

chewier than a boiled owl	zäh (wie eine gekochte Eule)
chin wag	ein ernstes Wörtchen reden; wörtl. *ein Kinnwedeln*
cooking/pumping with gas	effizient, geschickt vorgehen
dead as a doornail	mausetot
dead soldier	leere Schnapsflasche
feeding the gulls	seekrank
grassin'	Sex auf einer Wiese
happy as a clam	sehr glücklich
nice day for a duck	Regentag
mauzy day	ein wolkiger, nebliger Tag
one-eyed trouser trout	Penis
one-holer	Plumpsklo
piss poor	nicht gelungen
roundie	Reifen
shit hawk	Möwe
slicker than whale poop on ice	unglaubwürdig
spit nails	sehr wütend
stay where you're to t'il I comes where you're at	Bleib, wo du bist, bis ich da bin
sugar wouldn't melt in his/her mouth	sie/er setzt sich immer durch

tank trap	extrem schlammig
three axe handles across the arse	schwer
Whadda y'at?	Was geht? (Die einzig richtige Antwort muss immer lauten: *This is it.*)
Who knit ya?	Wer ist deine Mutter?
Who peed in your cornflakes?	Weshalb bist du so schlecht gelaunt?

Nachdem wir jetzt so ziemlich alle sprachlichen Abgründe Kanadas erkundet haben, bleiben noch die bizarrsten Ortsnamen, die Sie wohl je hören werden. Fangen wir mal mit dem längsten an, den ich noch nicht einmal aussprechen kann: *Pekwachnamaykoskwaskwaypinwanik Lake* in der Provinz Manitoba. Der Name kommt aus der Sprache der Cree, ist 31 Buchstaben lang und bedeutet so viel wie »See, an dem die Wildforellen mit Angelhaken gefangen werden«.

In Saskatchewan gibt es das kleine Dörfchen *Elbow* (dt. *Ellbogen*), das nach einer Biegung im South Saskatchewan River benannt ist, an dem das Dorf liegt. Die gleiche Provinz bietet auch ein Dorf mit dem Namen *Eyebrow* (dt. *Augenbraue*), dessen Namensgebung jedoch nicht weiter erklärt wird. Bekannter als diese beiden Orte ist jedoch *Moose Jaw*. Wer in aller Welt kommt auf den Namen Elchkiefer!? Falls Sie das Land mit dem Auto auf dem Trans-Kanada-Highway durchqueren, sollten Sie hier einen Stopp einlegen. Sie können die Stadt gar nicht verpassen, denn direkt am Highway steht die größte Elchskulptur der Welt namens *Mac the Moose*. Tragisches widerfuhr dem armen Tier im Jahr 2007. Der

Kiefer des Elchs von Elchkiefer war gebrochen! Doch zum Glück ließ sich der Schaden reparieren. Und auch ein diplomatischer Konflikt auf höchster Ebene mit Norwegen ließ sich 2019 nach nur vier Jahren beilegen: In der norwegischen Stadt Stor-Elvdal war ein Konkurrent zu Mac the Moose erbaut worden. *Storelgen* (dt. *der große Elch*) war seit 2015 die größte Elchskulptur der Welt und dreißig Zentimeter höher als Mac. In zähen Verhandlungen zwischen den beiden Kommunen musste eine Lösung gefunden werden, die die Elchliebhaber beiderseits des Atlantiks zufriedenstellen würde. Schließlich wurde das Ergebnis in einem *Moose-atorium* (analog zum Moratorium) festgehalten: Mac durfte etwas wachsen und erneut zum größten Elch der Welt werden, während *Storelgen* zum attraktivsten Elch der Welt gekürt wurde.

Swastika in Ontario muss seit der Nazizeit seinen Namen bitter verteidigen. Gerichte wurden bemüht, Volksbegehren und Unterschriftensammlungen initiiert, doch Swastikas Einwohner weigern sich standhaft, den Namen zu ändern. Dabei sind sie friedliche Zeitgenossen, die mit rechter Ideologie gar nichts am Hut haben, und gerade deshalb bestehen sie wohl auch auf ihrem Namen. Der Ort war einst nach dem Sanskrit-Symbol des Glücks benannt worden, und darauf beruft man sich bis heute. Dass Hitler das Symbol für Hass, Rassismus und die Vernichtung der Juden missbrauchte, so die Alteingesessenen, hätte nichts mit ihnen zu tun. Alle Instanzen gaben ihnen bisher recht, und so wird dieser Fleck wohl auch weiterhin auf kanadischen Landkarten zu finden sein.

Manche Ortsnamen verweisen auf Auseinandersetzungen mit den First Nations, andere gehen auf Kontakte mit den Vereinigten Staaten zurück. So beispielsweise *Punkeydoodles Corners* in Ontario, das immer mal wieder in der Liste der weltweit lustigsten Ortsnamen auftaucht. Im ausgehenden 19. Jahrhundert soll hier ein deutscher Wirt mit mangelhaften Kenntnissen der englischen Sprache und des hiesigen Liedgutes das eigentlich bekannte *Yankee Doodle*, ein amerikanisches Soldatenlied, falsch verstanden und ausgesprochen haben. Sein Gasthaus, an einer Straßenkreuzung gelegen, hieß fortan bei den Gästen *Punkeydoodles Corner,* und der Dorfname war geboren.

In Vancouver gibt es einen Stadtteil namens *Gastown*, aus dem die eigentliche Stadt einst hervorgegangen ist. Als ich mit meinem amerikanischen Freund Tom vor vielen Jahren erstmals die Stadt besuchte, vermutete er, dass der Name bestimmt etwas mit Gaslaternen zu tun habe, wie er sie aus seiner Heimatstadt Boston kannte. Ich dachte nicht weiter darüber nach, als er im Flugzeug plötzlich einen Lachanfall bekam und kaum zu beruhigen war. »Die haben den Stadtteil nach einem Typen benannt, der ›Gassy‹ Jack Deighton hieß!«, erklärte er mir, ohne sich beruhigen zu können. »›Gassy‹, wie pupsen!« – Männer! Natürlich hatte der Spitzname nix mit pupsen zu tun. ›Gassy‹ war ein englischer Seemann, später Dampfschifffahrtskapitän und schließlich Barbesitzer, der hier 1867 seinen ersten Saloon öffnete. Er war ein angesehener Gastwirt und Geschäftsmann, der einfach viel quatschte und dabei besonders gerne Seemannsgarn spann. Im Deutschen hätte man vielleicht gesagt, er sprudelte nur so von Geschichten, und in Vancouver wurde daraus eben sein Spitzname. Mein Freund Tom fand seine Version natürlich viel einleuchtender und hatte auch rasch eine Begründung zur Hand: Die Kanadier pupsen einfach gerne! Wie sonst sei es zu erklären, dass es das Land sei, in dem das Furzkissen erfunden wurde!? Apropos Erfindungen: Es dürfte kaum verwundern, dass das Schneemobil, eine Art Motorrad auf Skiern, in Kanada erfunden wurde. Ursprünglich sollte es »Ski Dog« (dt. *Ski-Hund*) heißen, doch wegen eines Tippfehlers bei der Patentanmeldung wurde daraus das inzwischen im gesamten arktischen Raum bekannte *Skidoo*.

Manchmal weiß ich nicht, ob ich den Kanadiern mit ihrem Humor wirklich folgen kann. Dann wieder bin ich begeistert davon, wie wenig ernst sie sich und das Leben allgemein nehmen. Anders ist auch der folgende Ortsname nicht zu erklären: *Saint-Louis-du-Ha! Ha!* – Sie halten das für einen Witz? Nein, es gibt tatsächlich eine Gemeinde in Quebec, die so heißt. Angeblich hat er seinen Ursprung im akadischen Französisch, in dem das Wort *ha-ha* ein unerwartetes Hindernis bezeichnet, das im konkreten Fall ein nahe gelegener See gewesen sein soll. Die Ausrufezeichen sind auch wirklich Teil des Namens, und 2017 gelang der Stadt ein Eintrag ins Guinnessbuch der Rekorde in der Kategorie »Die meisten Ausrufezeichen in einem Ortsnamen«.

Neufundland schießt für mich jedoch den Vogel ab, wenn es um wunderliche Ortsbezeichnungen geht. Bei der Menge, die mit Essen zu tun haben, muss man fast vermuten, dass frühere Generationen hier so manche Hungersnot durchleiden mussten. Es gibt zum Beispiel die *Bacon Cove* (dt. *Schinkenbucht*), den *Dumpling Harbour* (dt. *Knödelhafen*) oder auch *Cape Onion* (dt. *Zwiebelkap*). Weit über die Provinzgrenzen hinaus bekannt ist jedoch der Ort *Dildo*. Und ja, auch hier denken die Einwohner nicht im Entferntesten daran, den Namen zu ändern – alle bisherigen Versuche scheiterten kläglich. Dieser geht wohl auf den Entdecker James Cook zurück, der in den 1760er-Jahren Neufundland kartografierte. Er und sein Assistent Michael Lane waren bekannt dafür, dass sie auch gerne mal doppeldeutige Namen etablierten. Als ich das Schild zum ersten Mal bei einer Reise nach Neufundland Ende der 1990er-Jahre sah, musste ich grinsen, machte mir aber weiter keine Gedanken. Zwanzig Jahre später, im August 2019, explodierte aber das Internet förmlich, als der amerikanische Late-Night-Talker Jimmy Kimmel den Ort zum Gegenstand seiner Show machte. Die Clips verbreiteten sich wie ein Lauffeuer, der Ort nahm es mit dem zu erwartenden Humor, und Jimmy Kimmel wurde zum Ehrenbürgermeister ernannt. Wie es einem solchen Amt gebührt, stiftete er dem Ort schließlich auch etwas – ein Schild im Stil des bekannten Hollywood-Schriftzuges. Nun steht ein weithin sichtbares DILDO über den Hügeln dieses denkwürdigen Ortes.

Mahnung und Gedenken

In Flanders fields the poppies grow
Between the crosses, row on row,
That mark our place; and in the sky
The larks, still bravely singing, fly
Scarce heard amid the guns below.
– John McCrae, Dichter (1872–1918)

Wenn Sie eine Weile in Kanada mit dem Auto unterwegs sind, stoßen Sie früher oder später auf Autobahnabschnitte mit der Bezeichnung »Veterans Memorial Highway«, meist verbunden mit dem Motto »Lest We Forget« (dt. *Damit wir nicht vergessen*) und dem Bild einer roten Mohnblume. Es gibt sie in fast allen Provinzen. Ende Oktober und Anfang November werden Sie vielen Kanadiern begegnen, die eine ebensolche Mohnblume an ihrer Kleidung tragen, vielleicht fallen Ihnen auch die Veteranen in ihren ordensgeschmückten Uniformen auf, die in diesen Tagen überall im Land die Anstecker gegen eine freiwillige kleine Spende verteilen. Die besondere Aufmachung hat natürlich einen Grund: Der »Remembrance Day« (Tag des Gedenkens) steht vor der Tür, einer der wichtigsten Feiertage, dem hierzulande weit mehr Bedeutung zukommt als dem deutschen Volkstrauertag, mit dem er am ehesten zu vergleichen ist.

Der Gedenktag geht zurück auf den 11. November 1918. Damals wurde der Waffenstillstand mit dem Deutschen Reich unterzeichnet, was faktisch den Ersten Weltkrieg beendete, zumal es sich eigentlich eher um eine Kapitulation handelte. Seitdem wird an diesem Tag im ganzen Commonwealth der im Krieg gefallenen Soldaten gedacht. Aus offizieller kanadischer Sicht dient das Gedenken allen Männern und Frauen, die in der kanadischen Armee gedient haben oder dienen, in Zeiten von Frieden und Krieg. Dennoch kommt der Erinnerung an den Ersten Weltkrieg eine besondere Bedeutung zu. Zu dieser Zeit genoss Kanada nämlich noch keine vollständige Unabhängigkeit von Großbritannien und wurde entsprechend automatisch Kriegsmitglied. Dennoch durften die Kanadier selbst über die Art des Engagements entscheiden, eine Wehrpflicht gab es außerdem nicht. Über eine halbe Million Soldaten meldeten sich freiwillig, etwa 67 000 von ihnen wurden getötet und 173 000 verletzt – weit mehr als in jedem anderen militärischen Konflikt, einschließlich des Zweiten Weltkriegs.

Doch Kanada hat im Ersten Weltkrieg noch einen anderen, nur scheinbar unbedeutenden Beitrag geleistet, und dieser besteht in einem Gedicht. Während einer Schlacht in Flandern im Mai 1915 verlor John McCrae, Sanitätsoffizier aus Ontario, einen engen Freund, der durch eine Granate getötet wurde. Während der improvisierten Beerdigung bemerkte er, dass auf den Gräbern der erst vor Kurzem Gefallenen bereits Mohnblumen blühten. Am folgenden Tag verarbeitete er seine Trauer in dem Poem *In Flanders Fields* und benutzte die Mohnblumen als Mahnung, niemals die Opfer zu vergessen. Die anrührenden Zeilen wurden noch im gleichen Jahr in einer Zeitschrift abgedruckt, erfuhren sehr schnell eine ungeheure Verbreitung und sind bis heute das bekannteste kanadische Gedicht überhaupt. McCrae selbst überlebte den Krieg nicht, er starb im Januar 1918. Sein Symbol der Mohnblume jedoch ist unsterblich geworden.

Wenn Sie mehr über die Militärgeschichte Kanadas erfahren wollen, sind Sie im Canadian War Museum in Ottawa sehr gut aufgehoben. Sie müssen keine Sorge hegen, dass es hier heroisch-nationalistisch oder kriegsverherrlichend zugeht. Hier herrscht eine sehr differenzierte Sichtweise vor, Feindklischees werden vermieden und von kanadischen Soldaten verübte Gräuel und Kriegsverbrechen keineswegs verschwiegen. Man erfährt sehr viel Neues, nicht nur über die Weltkriege, sondern zum Beispiel auch über die Konflikte zwischen den Ureinwohnern Nordamerikas und den europäischen Siedlern. Zugegeben, Sie finden in dem Museum auch eine Limousine von Adolf Hitler und einen Panzer der Nationalen Volksarmee der DDR, aber es ist ein ganz anderes Exponat, das mich – und viele andere – wirklich berührt. Dieses Ausstellungsstück ist winzig, gerade einmal zwölf Zentimeter hoch: ein kleiner alter Teddy, ohne Beine.

Dieser Teddy gehörte der 1905 in der Provinz Quebec auf einer bescheidenen Farm geborenen Aileen Rogers. Im Alter von zehn Jahren hatte Aileen gerade eine Polioinfektion überstanden, hinkte noch und musste Schienen tragen, als sich Vater Lawrence entschloss, nach Europa in den Krieg zu ziehen. Um Kämpfen und Töten ging es ihm keineswegs, vielmehr wollte er als Sanitäter Verwundeten helfen. Ein Jahr später war der Vater immer noch nicht zurück, und Aileen machte sich große Sorgen. So schickte sie nicht nur einen weiteren Brief, sondern zusätzlich ihren geliebten Teddy als Glücksbringer ins ferne Belgien. Im Herbst 1917 schrieb Lawrence: »Ich habe den Teddybären immer noch und werde versuchen, auf ihn aufzupassen. Er ist inzwischen schmutzig, und seine Hinterläufe baumeln ein bisschen, aber er ist immer noch bei mir.« Im November erhielt die Familie schließlich die schreckliche Nachricht: Lawrence war in einer Schlacht gefallen, als er Verletzte direkt vor Ort unter freiem Himmel versorgte, anstatt im vergleichsweise sicheren Ambulanzzelt. Den Teddy trug er in seiner Jacke bei sich.

Lange Zeit geriet die Geschichte in Vergessenheit. Erst kurz vor ihrem Tod erzählte die inzwischen 93-jährige Aileen einer Nichte von dem wichtigsten Andenken, das von ihrem Vater geblieben war: »... und dabei hat er nicht einmal mehr Beine ...« Und so sitzt der Teddy seit 2002 im Museum in Ottawa.

Ottawa – Yoga vor dem Parlament

Arrived in Ottawa … –
Beautiful hotel – Strange people …
– Jimi Hendrix, Tagebuch 1968

Als ich meiner Freundin Lindsey erzähle, dass ich ein Buch über Kanada schreibe und mir zu Ottawa nicht sehr viel einfällt, muss sie lachen: »Ich habe da zehn Jahre meines Lebens verbracht und mag die Stadt, aber wenn Urlauber sich Ziele in Kanada aussuchen, kommen die wenigstens von ihnen hierher – und ich verstehe sie.« Eigentlich hatte ich gehofft, von Lindsey ein paar Insidertipps zu bekommen, da sie in der Hauptstadt für die Regierung gearbeitet hat. Doch ein richtiger Brüller ist nicht dabei. Ich selbst war nur einmal in Ottawa, um in einem Archiv zu recherchieren. Was ich toll fand, war die Nähe zu Quebec. Ottawa selbst liegt in Ontario, aber um seine tägliche Dosis französische Kultur zu bekommen, muss man nur über den Fluss nach Gatineau, und schon ist man wieder ein klein wenig in einer anderen Welt.

Da in Quebec das Trinken von Alkohol schon mit achtzehn erlaubt ist (in Ontario aber erst mit neunzehn), ist das Kneipenviertel Vieux-Hull am Wochenende besonders bei jungen Erwachsenen aus der benachbarten Provinz beliebt. Aber auch der Blick von hier auf Ottawa lohnt – besonders bei Sonnenuntergang.

Wenn der Premierminister ein besonders schönes Interview geben möchte, das zur Hauptsendezeit im Fernsehen übertragen wird, wählt er im Sommer gerne einen Ort im Freien mit Blick auf Gatineau. Das wirkt vertraut, bodenständig und nah am Volk. Ich glaube aber, dass es nur ein Trick ist, um den Bürgern zu suggerieren, dass in Kanada alles so ist: grüne Parks, sanfte Hügel und friedliche Städte. Alle sollen denken, dass Trudeau ein richtig netter junger Kerl ist, der gut auf sein Land aufpasst. Mal schauen, wie lange ihm das noch gelingt. Die Trudeaus sind ein bisschen wie die Kennedys von Kanada. Politisch einflussreich, geliebt und gehasst zugleich.

Trotzdem hat der Premier natürlich weitgehend recht. Kanada ist ein Land der Harmonie und Freundlichkeit. Das wird auch einmal mehr in der Hauptstadt deutlich. Mir fiele kein anderes Machtzentrum der westlichen Welt ein, das dermaßen offen und zugänglich ist. Parliament Hill oder auch kurz »The Hill« (frz. *Colline du Parlement*) ist der Sitz des kanadischen Parlaments und liegt am Südufer des Ottawa River. Hier kann man sich überall ungehindert bewegen, und auch in den Gebäuden selbst ist man willkommen. »The Hill« gehört in der Hauptstadt sogar zu den Sehenswürdigkeiten mit den meisten Besuchern, rund drei Millionen Menschen besichtigen jährlich das Parlament.

Es war übrigens Königin Victoria, die Ottawa 1858 zur Hauptstadt der britischen Provinz Kanada machte. Im Zuge der Selbstständigkeit blieb Ottawa, wo der Bau der monumentalen Regierungsgebäude bereits in vollem Gang war, dann auch die Hauptstadt des neuen Staates. 1916 brach ein Feuer im Hauptgebäude des Parlaments (engl. *Centre Block*) aus und zerstörte es weitgehend. Der Wiederaufbau sollte elf Jahre dauern. Der neue Turm, der das Gebäude ziert, wurde in Erinnerung an die Kanadier, die im Ersten Weltkrieg ihr Leben verloren, »Turm des Friedens« (engl. *Peace Tower*) getauft. Am 8. Mai 1945 wurde auf der großen Rasenfläche vor dem Parlament ausgelassen das Ende des Zweiten Weltkriegs gefeiert.

Und noch ein anderer wichtiger Event fand hier statt. Wir alle kennen die heutige kanadische Flagge, das rote Ahornblatt auf weißem Grund, eingerahmt von zwei roten Balken links und rechts. Diese Flagge ist im internationalen Vergleich aber noch sehr jung. Erst Anfang der 1960er-Jahre wurde eine Überarbeitung der Flagge angedacht, um Quebec in einer Sache von großer politischer Symbolik entgegenzukommen. Die damalige Nationalflagge zeigte den britischen Union Jack auf rotem Grund mit einem Ahornblatt rechts davon, und diese offensichtliche Untertänigkeit gegenüber der britischen Krone war den Frankokanadiern schon lange ein Dorn im Auge. Lieber wollte man eine Fahne, die eine Eigenständigkeit Kanadas demonstrierte. Fast das gesamte Jahr 1964 hindurch beriet ein Ausschuss über ein neues Design, bevor im Januar Ihre Majestät Elisabeth II. der neuen Flagge ihren Segen gab. Am 15. Februar 1965 wurde sie erstmals im Rahmen einer feierlichen Zeremonie vor dem Parlament gehisst und ist seither zum beliebtesten Symbol der Kanadier geworden. Das wird besonders im Frühsommer deutlich: Jeden Mai kommen Flaggen in unterschiedlichsten Größen, T-Shirts, Aufkleber und vieles mehr in den Handel – in Vorbereitung auf den wichtigsten Tag des Jahres: Canada Day am 1. Juli. Fällt er auf einen Sonntag, ist der darauffolgende Montag auch noch frei. Der Nationalfeiertag wird in Ottawa natürlich besonders stimmungsvoll begangen. Auf dem Parliament Hill gibt es traditionell eine Einbürgerungszeremonie für Neu-Kanadier, mit etwas Glück sogar mit dem Premierminister persönlich. In den Parks treffen sich die Menschen zum Picknick, und nach Einbruch der Dunkelheit gibt es zum Abschluss ein großes Feuerwerk. Es ist ein durch und durch fröhlicher Tag, den die meisten Kanadier mit Familie und Freunden feiern. Selbst mancher Hund trägt dann ein Kanada-Hütchen.

Apropos Tierwelt. Auf die knapp 38 Millionen Einwohner Kanadas kommen 7,9 Millionen Katzen und 5,9 Millionen Hunde. Die genaue Anzahl der Elche, Bären, Wölfe und Wale ist hingegen unbekannt – ebenso die der Biber und Eichhörnchen. Besonders Letztere gibt es aber reichlich in Ottawa – auch im Regierungsviertel. Bis 2013 waren es jedoch vor allem die Katzen, die Touristen dorthin lockten! Die sogenannten *Cats of Parliament Hill* waren schon zu viktorianischen Zeiten angeschafft worden, um die Mäusepopulation auf natürlichem Wege zu kontrollieren. Wurden Katzen früher weitgehend als Nutztiere gesehen, änderte sich das nach dem Zweiten Weltkrieg auch in den urbanen Zentren Kanadas. Ab 1955 wollte man sich im Regierungsbezirk nicht mehr auf die Katzen verlassen und beschloss stattdessen, Mausefallen und Rattengift zum Einsatz zu bringen.

Doch wohin mit den Katzen? Natürlich wurde nicht Buch darüber geführt, welche wohin gehörte oder wie viele es überhaupt gab. Besonders dem Hauspersonal, den Gärtnern und Hausmeistern waren die Tiere ans Herz gewachsen. Sie fütterten die Katzen weiterhin, auch wenn nicht klar war, wie es mit den Fellnasen langfristig weitergehen würde, die im Laufe der Jahre immer mehr verwilderten und regelrecht zu Streunern wurden. Erst Mitte der 1970er-Jahre nahm sich eine Frau ihrer an. Irène Desormeaux fand die Zustände unhaltbar und begann nicht nur mit einer regelmäßigen Katzenfütterung, sondern baute einfache Unterschlupfmöglichkeiten, um den Tieren besonders in den kalten, schneereichen Wintern ein Überleben zu sichern. Nach Irènes Tod 1987 übernahm einer ihrer langjährigen freiwilligen Helfer ihre Rolle und kümmerte sich weiter um die Katzen, die mithilfe von Spenden und Eigenmitteln versorgt wurden. Schon seit 1955 gab es keinerlei finanzielle Unterstützung mehr für die Miezen durch den Staat – obwohl sie bestimmt nach wie vor das Parlament vor der einen oder anderen Maus bewahrten!

Niemand weiß mehr so genau, wann es damit losging, aber nach und nach kamen immer mehr Menschen, besonders Kinder und Senioren, um die »Parlamentskatzen« zu besuchen, sie zu streicheln und mit ihnen Fotos zu machen. Statt der ehrwürdigen Gebäude, der Statuen wichtiger Persönlichkeiten und der (noch lebenden) Politiker waren plötzlich die Katzen die Stars. Alle trugen Namen, und das kleine Heer freiwilliger Helfer, das schließlich eine verschworene Gemeinschaft bildete, kümmerte sich rührend um die Lieblinge. René, Irènes Nachfolger und der »Katzenmann vom Parliament Hill« genannt, erhielt gar eine Auszeichnung für seine vorbildliche Tierschutzarbeit. Neben der Fütterung und den Schutzbauten begannen die Helfer nun auch für Impfungen und Kastrationen zu sorgen, um den Nachwuchs immer neuer Generationen wilder Katzen einzudämmen. Im Herbst 2012 lebten nur noch vier alte Katzen auf dem

Gelände, die von den Freiwilligen versorgt wurden. Um diesen verbliebenen Tieren einen schönen Lebensabend zu bescheren, wurden sie innerhalb der Gruppe adoptiert, und die Katzenstation auf dem Parliament Hill war endgültig Geschichte. Im Dezember 2014 verschied René im Alter von 92 Jahren in einem Pflegeheim für Veteranen in Ottawa. Spot, ein schwarzer Kater, der 2002 auf dem Grundstück geboren wurde und der letzte noch lebende »Katzenparlamentarier« war, starb im Frühjahr 2020.

Nachdem wir nun schon so viel über die Tierliebe der *Ottawans* gelesen haben, dürfte es auch nicht verwundern, dass die grüne Stadt Heimat eines ganz besonderen Bauernhofes ist: Die Central Experimental Farm (frz. *Ferme expérimentale centrale*), eine Art landwirtschaftliche Versuchsanstalt und zudem Sitz des Landwirtschaftsministeriums, war ursprünglich eine Forschungsfarm. Seit 1886 wird hier an Verbesserungen für Ackerbau und Viehzucht in den Kanada betreffenden Klimazonen geforscht. Das riesige, über 400 Hektar große Gelände mit Arboretum, Feldern, Ställen und Zuchtanlagen, Versuchsgärten und sogar einer historischen Sternwarte ist die größte landwirtschaftliche Anlage der Welt, die komplett von städtischer Bebauung umgeben ist, und offenbar auch die einzige ihrer Art in einer Hauptstadt. Wer sich für Landwirtschaft interessiert oder diese gar in Kanada betreiben möchte, sollte das angegliederte Museum besuchen.

Und noch eine Kuriosität hat Ottawa zu bieten: besondere Straßennamen. Darunter sind zum Beispiel der »Paul Anka Drive« und der »William Shatner Drive«. »Scully Way« kreuzt »Mulder Avenue« und nimmt so auf die Serie *Akte X* Bezug. »Clyde Avenue« und »Bonnie Crescent« erinnern an das amerikanische Ganovenpaar Bonnie und Clyde, während die

»Thunder Road« den gleichnamigen Bruce-Springsteen-Song aus dem Jahr 1975 feiert. Am besten finde ich aber, dass der King of Rock noch lebt – in der »Elvis Lives Lane«.

Doch zurück auf den Hügel – The Hill. Der Hund, die Kobra, die Taube … Kommt Ihnen das bekannt vor? Dann machen Sie wohl ab und zu Yoga und können hier passend dazu einen ganz besonderen Ort dafür finden. Jeden Mittwoch von Mitte Mai bis Ende August treffen sich um die Mittagszeit Tausende Menschen, um gemeinsam vor dem Parlament eine Stunde Yoga zu machen. Der Kurs ist kostenlos und wird von einer kanadischen Modefirma für Yogabekleidung gesponsert. Es ist jeden Sommer die heißeste Attraktion der Stadt, die 2007 mit einer kleinen Gruppe von fünfzehn Leuten startete. Jede Woche leitet ein anderer Trainer die Übungen. Unter den Teilnehmenden sind viele Anfänger, die erst durch die Begeisterung für diesen Event dazu gekommen sind, sich mit Yoga zu beschäftigen. Auch meine Freundin Lindsey war eine von ihnen. »Ich saß den ganzen Tag in Besprechungen oder vor dem Computer, während draußen der Sommer vor meinem Fenster vorbeizog«, erzählt sie. »Eines Tages raffte ich mich auf, besorgte mir eine Yogamatte und nahm den restlichen Sommer jeden Mittwoch teil. Als dann der Herbst kam, fehlte es mir, und ich begann, nach der Arbeit zum Yoga zu gehen. Inzwischen ist das fünf Jahre her, aber ich bin dabeigeblieben.« Voller Begeisterung erzählt sie von Atemtempo, Meditation und Haltungsübungen. Wenn man sie fragt, was sie am meisten an Ottawa vermisst, seit sie weggezogen ist, kommt ihre Antwort wie aus der Pistole geschossen: »Yoga vor dem Parlament.«

Was wäre die Welt ohne Oktober? Kanadische Literatur zwischen Heimatliebe und Weltläufigkeit

A word after a word
after a word is power.
– Margaret Atwood

»Boy Meets Girl in Winnipeg, and Who Cares?« (dt. *Junge lernt Mädchen in Winnipeg kennen – und wen interessiert's?*). So überschrieb der aus Nova Scotia stammende Hugh MacLennan 1960 selbstironisch einen Essay über die Lage der kanadischen Literatur. Zwei Jahrzehnte zuvor war ihm mit seinem Roman *Barometer Rising* (deutscher Titel: *Rückkehr zu Penelope*) ein Meilenstein geglückt. Nachdem MacLennan zuvor seine Themen in den USA oder Europa gesucht hatte und damit ohne Resonanz geblieben war, regte ihn seine Frau Dorothy an, lieber über das Naheliegende zu schreiben: »Niemand wird Kanada verstehen, bevor es eine eigene Literatur entwickelt, und du wirst als Erster die zeitgemäßen Romane dafür schreiben« (»Macleans« 1945). MacLennan entschloss sich, auf seine Frau zu hören, und läutete damit tatsächlich eine Ära ein, die sich bestens dazu eignet, das Land und seine Geschichte noch besser zu begreifen.

Barometer Rising dreht sich um eine Katastrophe apokalyptischen Ausmaßes, die der Autor als Zehnjähriger selbst miterlebte: die *Halifax Explosion*. 1917 stießen dort im Hafen ein dynamitbeladenes Kriegsschiff und ein Frachter zusammen. Die Explosion zerstörte einen ganzen Stadtteil und gilt als die weltweit größte von Menschen verursachte Detonation. An keinem anderen Tag zwischen dem Amerikanischen Bürgerkrieg (1861–1865) und dem Terroranschlag auf das World Trade Center in New York (2001) kamen auf dem nordamerikanischen Kontinent bei einem einzelnen Ereignis so viele Menschen ums Leben. Der Roman, der sich nun diesem Ereignis widmete, wurde wie die nachfolgenden Werke MacLennans zum internationalen Erfolg. Vor allem in den 1960er-Jahren waren seine Bücher auch im deutschsprachigen Raum überaus populär. Der Titel *Two Solitudes* (*Zwei Einsamkeiten*) wurde in Kanada zum geflügelten Wort, um die Entfremdung zwischen Frankokanadiern und Anglokanadiern zu beschreiben. Doch als sich schließlich auch Hollywood für MacLennan interessierte und *Barometer Rising* verfilmen wollte, scheiterte es am Ende genau an dem, was den Erfolg begründet hatte – am kanadischen Bezug: Das Eingangszitat mit dem Liebespaar in Winnipeg geht nämlich auf einen amerikanischen Filmproduzenten zurück, der MacLennan dazu überreden wollte, die Handlung doch lieber auf eine Flutkatastrophe in den USA zu verlegen.

Trotz des Halifax-Bezugs und der Tatsache, dass ich quasi täglich an der Explosionsstelle vorbeifahre, liegt mir persönlich ein anderer, noch früherer Klassiker der kanadischen Literatur mehr am Herzen: die Buchserie *Anne of Green Gables* von Lucy Maud Montgomery. Der erste Band über die Erlebnisse des fantasievollen rothaarigen Waisenmädchens mit Sommersprossen, Anne Shirley, erschien bereits 1908 und wurde ein Weltbestseller. In der Folge entstanden Dutzende Verfilmungen (zuletzt 2017 als Netflix-Serie *Anne with an E*), Theater- und Hörspieladaptionen sowie Comics (vor allem in Japan, wo das Buch übrigens Pflichtlektüre in den Schulen ist). Sogar ein Haustyp namens Green Gables wurde kreiert und schaffte es bis nach Australien. Dennoch dauerte es viele Jahrzehnte, bis die seriöse Literaturwissenschaft die Werke mit ihrem für die damalige Zeit wegweisenden feministischen Einschlag für sich entdeckte. Es handelte sich ja schließlich »nur« um Jugendbücher und keine ernst zu nehmende Literatur. Übrigens, kommt Ihnen die Beschreibung von Anne irgendwie bekannt vor? Ja? Kein Wunder, denn *Anne of Green Gables* war das Lieblingsbuch von Astrid Lindgren und regte sie dazu an, ihre rothaarige, mit lustigen Sommersprossen übersäte Pippi Langstrumpf zu erschaffen. Und auch die heile Welt von Bullerbü hat hier ihr Vorbild. Es ist die kleinste kanadische Provinz, das idyllische Prince Edward Island, wo die Geschichten um die abenteuerlustige Anne spielen.

So unbeschwert wie in ihrer Romanwelt ging es im Leben von Lucy Maud Montgomery keineswegs zu. Ihre umfangreichen Tagebücher (leider nie auf Deutsch erschienen) zeichnen das erschütternde Bild einer von schweren Depressionen und Migräne heimgesuchten Frau, co-abhängig von ihrem unter ähnlichen Symptomen leidenden Ehemann, einem presbyterianischen Pfarrer. Einen ihrer seltenen intensiven Glücksmomente bezahlte sie mit lebenslangen Schuldgefühlen: eine kurze, aber heftige voreheliche Liebesaffäre – Ende des 19. Jahrhunderts im ganz und gar viktorianischen Kanada quasi ein Ding der Unmöglichkeit. Doch auch Ehrungen erhielt Montgomery bereits zu Lebzeiten. So wurde sie als erste Kanadierin in die britische Royal Society of Arts und 1935 in den Order of the British Empire aufgenommen.

All das wusste ich noch nicht, als ich im letzten Herbst an einer kleinen Kirche in der Nähe unserer Wohnung vorbeifuhr. Vielen Kanadiern erscheint der Sommer zu kurz, und der Herbst, nun ja, ist der Vorbote des zu langen Winters. Normalerweise laden hiesige Kirchengemeinden auf ihren großen Anzeigetafeln an der Straße zum Gottesdienst ein oder möchten Passanten mit einem Bibelzitat inspirieren. Doch hier stand ein Zitat von Anne Shirley, der Protagonistin aus *Anne of Green Gables*. Es lautete: »I'm so glad I live in a world where there are Octobers.« (dt. *Ich bin so froh, in einer Welt zu leben, in der es den Oktober gibt*). Selten habe ich mich so verstanden gefühlt!

Immer wieder sind es vor allem Frauen gewesen, die der kanadischen Literatur seither zur Weltgeltung verholfen haben: zum Beispiel Alice Munro, Carol Shields und Margaret Atwood. Munro wird attestiert, das schon ein bisschen verstaubte Genre der Kurzgeschichte revolutioniert zu haben. Ihre Storys erschienen jahrzehntelang exklusiv im intellektuellen Kultblatt *The New Yorker* und zeichnen sich durch gewagte Rück- und Vorblenden aus. Die Sprache ist überaus einfach und sofort verständlich, die Beziehungswelten ihrer fast ausschließlich weiblichen Protagonisten extrem komplex. Die meisten von Munros Geschichten spielen im heimatlichen, wenig spektakulären Huron County im Südwesten Ontarios, nicht gerade die erste Adresse für Kanadatouristen. Dem Erfolg hat das nicht geschadet, und 2013 wurde Alice Munro der Nobelpreis für Literatur verliehen.

Die leider bereits 2003 an Krebs verstorbene Carol Shields widmete sich ebenfalls dem Innenleben, den Alltagskämpfen und Eheproblemen von Frauen, häufig von Künstlerinnen, meist eher aus intellektueller Perspektive. Zu ihren bekanntesten Werken zählt *The Stone Diaries* (dt. *Das Tagebuch der Daisy Goodwill*).

Auch ohne Nobelpreis ist die 1939 in Ottawa geborene Margaret Atwood die wohl noch bekanntere Autorin. Mit ihren warnenden Anti-Utopien gilt sie als die legitime Erbin von Aldous Huxley (*Schöne Neue Welt*) und George Orwell (*1984*). Ihr erfolgreichstes Werk *The Handmaid's Tale* (dt. *Der Report der Magd*) wurde zuerst 1990 vom deutschen Regisseur Volker Schlöndorff unter dem Titel *Die Geschichte der Dienerin* verfilmt sowie seit 2017 in einer noch nicht abgeschlossenen, mit zahlreichen Preisen ausgezeichneten Fernsehserie, die sie schließlich weltberühmt gemacht hat. Darin geht es um eine elitäre Sekte, in der die letzten fruchtbaren Frauen in einer verseuchten Welt als Gebärmaschinen versklavt werden. Für die 2019 erschienene Romanfortsetzung *Die Zeuginnen* erhielt Margaret Atwood den wichtigsten britischen Literaturpreis, den Booker Prize, und schaffte es auf Anhieb weltweit auf die Bestsellerlisten.

Nie war Atwood aktueller als in der heutigen Zeit, und so dürfte es auch nicht verwundern, dass sie mit 1,9 Millionen Followern auf Twitter zu den wenigen Autorinnen und Autoren gehört, deren Social-Media-Präsenz eine ebenso treue Leserschaft hat wie ihre Romane. Atwood behandelt in ihrem Werk das Aufkommen autoritärer Herrschaftssysteme ebenso wie aus dem Ruder laufende Technologien oder den Klimawandel. Immer geht es auch ums Überleben – der Schöpfung, aber auch des Geistes. Als Tochter eines Insektenforschers wuchs Atwood in der Wildnis Ostkanadas auf, und seither fasziniert sie die Natur. In dem wunderbaren Dokumentarfilm *Margaret Atwood – Aus Worten entsteht Macht* zeichnen die Filmemacher ein feines Bild von Atwood. Das Porträt zeigt die Frau hinter den Geschichten und begleitet sie und ihren kurz nach den Dreharbeiten verstorbenen Mann Graeme Gibson ein Jahr um die Welt – zu Vorträgen, Lesungen und Preisverleihungen, aber auch in die Ferien und zu Treffen mit der Familie. Atwood und Gibson waren in vielerlei Hinsicht ein außergewöhnliches Paar. Zugleich waren sie aber auch sehr kanadisch. Freundlich, bestimmt, zurückgenommen, humorvoll und immer zugänglich. Vielleicht ist das auch das Geheimnis von Atwoods Erfolg. Im Film wird deutlich, wie sehr ihre Leserschaft sich durch alle Generationen zieht. Aber auch, wie und wo sie schreibt: auf Reisen, im Flugzeug und in Hotelzimmern. Mitten im Leben.

Das für mich Faszinierendste an Margaret Atwood ist jedoch, dass sie sich einerseits vehement für die Themen unserer Zeit engagiert, sich andererseits aber dezidiert als politisch konservativ bezeichnet. In welchem anderen Land als Kanada würde so ein Spagat funktionieren?

Apropos Utopien und Anti-Utopien. Einer der wichtigsten Philosophen des 20. Jahrhunderts war unbestritten der Kanadier Marshall McLuhan. Auch wenn Sie noch nichts von ihm gehört haben, haben Sie sicherlich schon einmal ein Wort benutzt, das er erfunden hat: Der Begriff des »Surfens« im World Wide Web geht nämlich auf ihn zurück. Er prägte ihn bereits viele Jahre vor der Erfindung namens Internet. McLuhan prophezeite schon in den 1960er-Jahren das »Ende des Gutenberg-Zeitalters« und den Sieg der elektronischen Medien. Er beschrieb die künftige Welt als »globales Dorf« und sah voraus, dass Facebook, WhatsApp, Instagram und Konsorten die Art und Weise revolutionieren würden, wie wir miteinander in Kontakt treten. Die kanadische Botschaft in Berlin betreibt übrigens ein öffentlich zugängliches Archiv über McLuhan, wenn Sie mehr über ihn und seine Arbeit erfahren wollen.

Der exakt ein halbes Jahrhundert nach McLuhan, nämlich 1961 geborene Douglas Coupland könnte nicht nur altersmäßig als dessen Enkel durchgehen. Ähnlich scharfsinnig wendet er sich aktuellen gesellschaftlichen Trends zu, wenn auch zumeist in Romanform. Er popularisierte den Begriff »Generation X« in seinem gleichnamigen Buch für jene zwischen 1965 und 1980 Geborenen, die in Deutschland eher unter dem Begriff »Generation Golf« firmieren. In die Alltagssprache ist auch Couplands Wortschöpfung »McJob« eingegangen, mit der er den Trend zu prekären Beschäftigungsverhältnissen kritisierte. Ausgerechnet sein für mich schönstes Buch gibt es leider nicht in deutscher Übersetzung: *City of Glass*, eine Liebeserklärung Couplands an seine Heimatstadt Vancouver in Form von Essays, Momentaufnahmen und Fotografien.

Da ich hier natürlich keinen wirklichen Abriss über die kanadische Literatur geben kann, möchte ich einige der wichtigsten Autorinnen und Autoren wenigstens in Stichworten vorstellen. Viele von ihnen zeichnet die liebevolle Beschreibung der traditionellen kanadischen Kulturlandschaften aus. Besonderer Beliebtheit erfreut sich dabei die Atlantikinsel Cape Breton, Schauplatz sowohl des Romans *Fall on Your Knees* (dt. *Vernimm mein Flehen*) von Ann-Marie MacDonald als auch des Erzählbandes *Island* (dt. *Die Insel)* von Alistair MacLeod. Dessen Ahnen wanderten bereits im 18. Jahrhundert von Schottland nach Cape Breton aus.

Um den hohen Norden Kanadas hat sich literarisch vor allem der Biologe Farley Mowat verdient gemacht. Seine Schilderungen der grandiosen arktischen Natur wie auch des entbehrungsreichen Lebens der Inuit wurden in 52 Sprachen übersetzt und von Walt Disney als *Wenn die Wölfe heulen* verfilmt.

Etliche andere Werke zeichnen sich durch große Weltläufigkeit aus und sind nicht auf den ersten Blick als »kanadische« Literatur zu identifizieren. So etwa der philosophisch-spirituelle Roman *Life of Pi* (dt. *Schiffbruch mit Tiger*) von Yann Martel, 2012 auch verfilmt und oscarprämiert. Die Werke von Rohinton Mistry, selbst indischer Herkunft, spielen zumeist in Indien. Und dann ist da natürlich noch *The English Patient* (dt. *Der englische Patient)* des in Sri Lanka geborenen Michael Ondaatje – ein Riesenerfolg! Die Verfilmung des Wüstendramas heimste ganze neun Oscars ein. Ich persönlich finde es jedoch noch spannender, wenn diese Weltläufigkeit auf die multikulturelle Vielfalt in Kanada selbst trifft. Da bin ich gleich wieder bei Michael Ondaatje und dessen *In the Skin of a Lion* (dt. *In der Haut eines Löwen)*. Das Buch entstand vor *Der englische Patient* und liefert zugleich die Vorgeschichte zweier Protagonisten, nämlich die der Krankenschwester Hana und des Meisterdiebes Caravaggio. Es spielt in Toronto zu Beginn des 20. Jahrhunderts und handelt von der vergessenen Lebensleistung der vielen Immigranten, die Kanadas größte Metropole damals maßgeblich erbauten, nach Ondaatjes Ansicht jedoch bis heute nicht Teil der offiziellen Geschichtsschreibung sind.

Joseph Boyden leistet in seinen Werken *Three Day Road* (dt. *Der lange Weg)* und *Through Black Spruce* (dt. *Durch dunkle Wälder)* Ähnliches aus der Sicht der First Nations. Radikaler und pessimistischer ist der Ansatz des libanesischstämmigen Rawi Hage. Sein bekanntester Roman *Cockroach* (dt. *Kakerlake*) erzählt von einem Einwanderer aus dem Nahen Osten, der sich in den Slums von Montreal durchschlägt und zu der

Überzeugung gelangt, kein Mensch, sondern eine Kakerlake zu sein.

Lawrence Hill behandelt in *The Book of Negroes* (dt. *Ich habe einen Namen*) das Schicksal von 3000 ehemaligen schwarzen Sklaven, die nach dem Ende des amerikanischen Unabhängigkeitskriegs 1783 von Manhattan nach Nova Scotia flohen, wo sie die erste freie afroamerikanische Siedlung überhaupt gründeten. Sie nannten sie »Africville«, was uns zurück zur *Halifax Explosion* bringt. Die Siedlung, die in der Nähe des natürlichen Hafens von Halifax (engl. *Bedford Basin*) lag, gehörte zu den am schwersten betroffenen Gebieten der Katastrophe. Erst 2017, also hundert Jahre später, wurde aufgearbeitet, was die schwarze Bevölkerung damals in Nova Scotia erleiden musste. Zu der wenig rühmlichen Geschichte gehört der Fakt, dass sie bei den Hilfen zum Wiederaufbau massiv benachteiligt wurden. An Africville erinnert ein kleines Kirchlein mit Blick auf das Bedford Basin, das eine Ausstellung beherbergt. Hills Hauptprotagonistin bleibt im Übrigen nicht in Nova Scotia, sondern sucht ihr Glück in Sierra Leone. Wer etwas über die Geschichte der Sklaverei und des verheerenden Kolonialismus lesen möchte, dem sei dieses Buch sehr ans Herz gelegt.

Die in Toronto geborene Anne Michaels setzt sich in ihrem erfolgreichsten Buch *Fugitive Pieces* (dt. *Fluchtstücke)* mit ihren jüdisch-polnischen Wurzeln auseinander. Während der erste Teil des Romans den Holocaust aus der Sicht eines siebenjährigen Jungen schildert, stellt der zweite Teil die Frage, wie die Nachfahren der Überlebenden im heutigen Kanada mit dem Generationendrama umgehen.

Jüdische Themen finden sich auch häufig im Werk der ebenfalls in Toronto lebenden Anna Porter. In Budapest während des Zweiten Weltkriegs geboren, floh sie 1956 mit ihrer Mutter nach der Niederschlagung des Volksaufstandes aus Ungarn. Die erste Station war Neuseeland. 1968 aber strandete sie »mit einem kaputten Koffer, wenig Geld und einem Kopf voller Träume« in Kanada, so das »*Good Times Magazine*« 2019. Es sollte nur eine Zwischenetappe sein, doch heute hat sie zu ihrer eigenen Überraschung Wurzeln geschlagen. »Ich entschloss mich zu bleiben«, erzählt sie, »nachdem ich kanadische Bücher gelesen hatte.«

Banff und der Lake Louise

Our sky is a landscape of change –
of its shifting seasons, of its daily moods,
when I come home and see our sky,
I feel I am at home again.
– Vincent Lam, Schriftsteller und Arzt

Es gibt Menschen, die lieben das Meer, und Menschen, die lieben die Berge. Beide verbindet eine Sehnsucht nach der Weite des Himmels, nach Natur und einem Gefühl von Freiheit. Wer in Kanada die hohen Berge sucht, muss in die Rocky Mountains fahren, und wer in die Rockies fährt, sollte nach Banff in der Provinz Alberta. Die Kleinstadt, malerisch am sprichwörtlichen Ende der Welt gelegen, hat so viel Schönheit mitbekommen, dass man sich an dieser Landschaft nicht sattsehen kann – egal, zu welcher Jahreszeit. Das Städtchen selbst hat gerade einmal 8000 Einwohner und befindet sich mitten im Banff-Nationalpark. Um die einzigartige Natur zu schützen, hat die Bundesregierung den Zuzug massiv beschränkt. Nur wer eine Arbeitsstelle in Banff hat, darf sich hier auch niederlassen. Zu den wenigen Ausnahmen gehören australische Saisonarbeiter, die in der Tourismusbranche beschäftigt sind, und so kommt es, dass man hier auf außergewöhnlich viele Australier trifft. Die Einheimischen wiederum sind eine eingeschworene Gemeinschaft, die sich ihrer Aufgabe als Gastgeber und Naturschützer sehr wohl bewusst ist. Der Nationalpark ist der älteste Kanadas. Ursprünglich 1885 als *Banff Hot Spring Reserves* gegründet, ist er sogar älter als die Stadt selbst. Anfangs führte nur eine mäßig befahrbare Schotterpiste von Calgary aus in die Region. Mittlerweile ist Banff an den Trans-Kanada-Highway angebunden und liegt somit auf dem direkten Weg nach Vancouver. Zweimal im Jahr kommt die internationale Film- und Fernsehbranche zu Festivals nach Banff – ein weiterer Grund, sich dieses Städtchen genauer anzusehen.

Alle Bekannten von mir, die jemals in Banff waren, haben eine Juwelier-Geschichte zu erzählen. Meine Tante, die im Nebenberuf mit Unikaten handelt, spricht dabei nur in Superlativen. Spektakulär! Einzigartig! Nie wieder habe ich so schöne Steine gesehen! Doch auch wer ihre Leidenschaft nicht teilt, wird nicht umhinkommen, einmal einen der unzähligen Schmuckläden zu betreten. Und in der Tat funkelt es da in den Vitrinen. Doug Bell ist Goldschmied und hat seinen Laden auf der Bear Street, die parallel zur Banff Avenue, der Hauptstraße des Ortes, verläuft. Seine Leidenschaft sind Menschen, für die er eine besondere Erinnerung an Banff anfertigen kann. »Nicht wenige meiner Kunden haben hier einen Heiratsantrag gemacht, und eine Menge Typen haben ihren Ehering von mir mit einem Relief der Berge versehen lassen«, erzählt Doug. Diese Ringe sind sein Markenzeichen. Vor vielen Jahren traf ich einen Kanadier in

Guatemala. Sein Ring, den offenbar ein Bergzug zierte, war mir aufgefallen, und er erzählte mir damals schon von Doug. Für harte Kerle, Biker, Jäger und Outdoor-Freaks hat der urige Künstler massive Ringe mit Bärenköpfen im Angebot. Auf Wunsch verarbeitet Doug aber auch Edelsteine aus Alberta. Hier kommt vor allem Spektrolit vor, der wie eine Mischung aus finnischem Ammolit mit Opal anmutet und in Regenbogenfarben leuchtet. Je spektakulärer das Farbspektrum und die Reflexion des Lichtes darin, desto wertvoller der Stein. Dabei ist die Verarbeitung eine besondere Herausforderung, denn im Schliff kann ein falscher Grad bereits die Lichtbrechung entscheidend verändern. Neben diesem Spezialwissen erfordert die Bearbeitung eine ruhige Hand und viel Geduld. »Ich liebe es«, so Doug, »dass meine kleinen Schätze ihren Weg in die Welt finden und noch lange da sein werden, wenn es mich eines Tages nicht mehr gibt.«

Wer nach Banff will, sollte sich schon vorher um eine Unterkunft kümmern, denn nicht nur, dass diese hier häufig ausgebucht sind. Es gibt wenig Alternativen in der näheren Umgebung, auf die man ausweichen kann – außer man campt gerne. Wer von Calgary auf dem Trans-Kanada-Highway 1 in den Nationalpark fährt, kann in Exshaw auf die Landstraße 1 abfahren. Anders als auf der Schnellstraße kann man hier auch mal anhalten und die Aussicht genießen. Wer Glück hat, trifft vielleicht schon auf die ersten *Rocky Mountain Sheep*, wilde Schafe, die gerne in kleinen Herden durch die Gegend ziehen und manches Mal auch plötzlich auf der Fahrbahn stehen. Neben der Straße fließt der Bow River, dessen Name auf das Schilfrohr zurückgeht, das die Vorfahren der hiesigen Stoney Nakoda Nation zum Bau von Bogen nutzten. Zur traurigen Geschichte der First Nations in dieser

Region gehört die Tatsache, dass sie ursprünglich ihr Stammesgebiet in den Weiten der Plains hatten, die vom heutigen British Columbia bis in die Dakotas reichten. Die Stoney sind Nachfahren der Assiniboine, die sich ab Mitte der 1740er-Jahre in die Rocky Mountains und in den Nordwesten flüchteten, weil sie aufgrund schwerer Epidemien nach dem Kontakt mit weißen Siedlern kaum noch überlebensfähig waren. Sie hofften, dass sie diese Art der Quarantäne, die sie freilich nicht so nannten, retten würde.

Entlang des Bow River führt die Straße nach Canmore, der etwas größeren Nachbarstadt Banffs. Sie ist umgeben von mehreren Zweitausendern, darunter Three Sisters, Mount Rundle und Grotto Mountain. Gleich hinter der Stadtgrenze kommt bereits der Eingang zum Banff-Nationalpark, den das geschichtsträchtige East Gate markiert. Am 14. August 1909 war ein gewisser Norman Lougheed der erste Autofahrer, der die achteinhalbstündige Fahrt auf der Strecke von Calgary in den Nationalpark offiziell absolvierte. Trotz eines Verbotes von motorisierten Wagen fuhr er hier in den Park ein und bekam prompt von der Polizei ein Bußgeld dafür aufgebrummt. Im Jahr darauf wurde das Autoverbot aufgehoben.

Lange bevor Banff eine Kleinstadt wurde, gab es hier jedoch schon die erste Parkwächterin. Annie Staple war eine jener Pionierinnen, denen die kanadische Wildnis nichts anhaben konnte. Die gebürtige Engländerin verliebte sich 1907 auf ihrer Hochzeitsreise durch Kanada mit ihrem Mann Tom in das Land. Das Paar ließ sich in Exshaw nieder, dort, wo bis heute Kalk abgebaut und in einem Zementwerk verarbeitet wird. In ihren Erinnerungen berichtet Annie davon, wie sie 1916 als erste Angestellte des Parks überhaupt die Besucher fortan registrieren sollte. Je nach Aufenthaltsdauer konnte man eine Erlaubnis für eine Woche oder einen Monat erwerben, die dann am Auto angebracht wurde.

Anfangs wohnte Annie noch in einem großen Zelt unter einem Baum, bis die erste Blockhütte errichtet worden war, in die sie mit ihrer Familie einziehen konnte. Kurz nach dem frühen Tod ihres Mannes 1919 gebar Annie ihr viertes Kind. Die resolute Britin half in den 32 Jahren ihrer Tätigkeit nicht nur Tausenden Touristen, sich im Park zurechtzufinden, sondern unterstützte unter anderem auch die Polizei dabei, Verbrecher zu stellen, die in den Park flüchten wollten. Ihre Enkelin Wendy erinnert sich an die Besuche bei der Großmutter: »Sie kannte Leute aus aller Welt. Sie schrieben ihr Briefe und Postkarten, und sie freute sich immer riesig darüber.« Auch manche berühmte Persönlichkeit machte ihre Bekanntschaft. Neben kanadischen Premierministern, Sängern und Künstlern lernte Annie Winston Churchill, König George VI., Königin Elisabeth II. und den König von Siam kennen, die alle nach Banff kamen.

Wendy, die öfter mit der Großmutter in Calgary war, erzählt: »Wir waren im Kaufhaus, um nach Winterbekleidung zu schauen. Immer wieder traf sie Leute, die sie aus dem Park kannte. Sie hatte ein großartiges Gedächtnis und wusste gleich, wer es war. ›Oh, Frau Sowieso, Sie waren im Jahr sowieso bei uns, und Sie fuhren ein Auto der Marke sowieso! Wie geht es Ihnen? Was machen Sie?‹. Sie war phänomenal!«

Inzwischen ist schon die vierte Generation, also Annies Urenkel, als Ranger im Nationalpark unterwegs. Eine von ihnen ist Susan Staple. Sie erinnert sich, bereits im Alter von vier Jahren ihrem Großvater anvertraut zu haben, dass sie einmal im Park arbeiten wolle, wenn sie groß sei. »Ich habe nie daran gezweifelt, dass das das Richtige für mich ist«, erzählt sie. Viele Hundert Kilometer wandert sie im Jahr durch den Park und gibt den Besuchern Hinweise, wo es lohnenswerte Ausblicke gibt, wo sie am besten ihr Zelt aufschlagen oder bestimmte Tiere beobachten können. Ihr heißer Tipp für einen Besuch im Park? »Die schönen Dinge können die Leute selbst entdecken, aber um das tun zu können, sollten sie auf zweierlei unbedingt achten: immer Bärenspray griffbereit haben und niemals Lebensmittel herumliegen lassen.« Um das zu gewährleisten, gibt es im Park extra Schließfächer, in denen Proviant gelagert werden kann. Alternativ kann man diesen auch im Auto auf einem der vielen Parkplätze lassen. Zeltplätze gibt es in großer Zahl, wobei es sich auch hier lohnt, diese bereits vorab im Internet zu reservieren. Wildcampen ist ebenso wenig erlaubt wie das Schlafen im eigenen Auto ohne *camping permit.*

Was den Banff-Nationalpark so großartig macht, ist ganzjährig die Natur. Ob Wandern, Klettern, Angeln und Zelten im Sommer oder Skifahren und Snowboarden im Winter – hier ist immer Saison. Berge, Gletscher, Eisfelder, Seen, Almwiesen, heiße Quellen, tiefe Schluchten und bizarre Steinformationen, darunter die für Alberta typischen *Hoodoos,* etwa sechs Meter hohe, natürlich erodierte Felstürme. Für all das und natürlich die wilden Tiere, von Greifvögeln über Elche, Rentiere, Wölfe bis hin zu Bisons und Grizzlybären, lohnt sich der Weg nach Banff – Fernglas nicht vergessen!

Wer etwas in der Gegend bleiben möchte und nicht gerne campt, für den gibt es rustikale Lodges und luxuriöse Resorts. Mein Lieblingsort ist das Hidden Ridge Resort, etwas abseits am oberen Ende des Hidden Ridge Way gelegen, der von der Tunnel Mountain Road links abgeht. Von hier aus kann man direkt in eine Reihe von Wanderwegen (engl.

trails) einsteigen oder sich Mountainbikes leihen und abends in der Sauna oder im Jacuzzi entspannen.

Apropos Jacuzzi. *Cave and Basin*, die heißen Quellen, die ursprünglich den Nationalpark begründeten, sind ebenfalls einen Besuch wert, auch wenn man in ihnen heute nicht mehr baden kann. Dort kann man die Höhle mit der ersten Quelle erforschen, die kleinen Banff-Schnecken im Schwefelbecken entdecken sowie eine Ausstellung zur Geschichte dieses besonderen Ortes, an dem im Ersten Weltkrieg auch deutsche Kriegsgefangene interniert waren, besichtigen. Rund fünf Kilometer weiter oben, an der gleichen Straße am Sulphur Mountain, liegt das Thermalbad der *Banff Upper Hot Springs*, wo sich bei herrlichem Panorama wunderbar entspannen lässt. Wer noch mehr Aussicht braucht, kann am Ende der Mountain Road mit einer Seilbahn auf den Sulphur Mountain schweben oder den gleichnamigen Wanderweg bergauf durch den Wald nehmen. Oben angekommen bietet sich ein wunderbarer Blick auf die Rocky Mountains und in die umliegenden Täler.

Wen es bei seinem Besuch in Banff eher ans Wasser zieht, der kann angeln, fischen, raften, Kanu oder Kajak fahren, schwimmen und vieles mehr. Alle Gewässer sind wunderbar klar und dafür bekannt, dass sich die umliegenden Berge und der Himmel in ihnen spiegeln. Selbst wer keinen Kitsch mag, wird hier immer wieder vom Spiel der Natur mit ihrem Licht und ihren Farben begeistert sein.

Bevor wir an den Lake Louise weiterfahren, machen wir noch einen Abstecher ins Fairmont Hotel. Die Zimmerpreise in diesem prächtigen Schlosshotel sind nicht für jeden Geldbeutel, aber ein Drink an der Bar oder ein *Afternoon Tea* in der Rundle Lounge mit Blick auf die Berge lässt einen in eine andere Welt und eine andere Zeit eintauchen. Die riesige Teeauswahl (aus der ich Cucumber/Melon oder einen Darjeeling empfehle) wird von einer nicht enden wollenden Präsentation von Fingersandwiches, *Scones* mit *clotted cream*, Tartelettes und *Fruit Jelly Squares* begleitet. Hier kann man die Seele baumeln lassen und einfach den Nachmittag vertrödeln. Für Freunde des rustikalen Geschmacks, die vielleicht inzwischen das deutsche Bier vermissen, sei eine Einkehr im Waldhaus Pub empfohlen, das ebenfalls zum Fairmont gehört und sogar bayerisches Bier ausschenkt.

Mit dem Bus Nummer 6 oder alternativ mit dem eigenen Auto lohnt sich ein reizvoller Ausflug an den Lake Minnewanka Loop, welcher rund 24 Kilometer entfernt liegt und somit an einem Nachmittag gut zu schaffen ist. Auf dem See kann man von Mitte Mai bis Mitte September Bootsausflüge machen. Die lokalen Kapitäne sind großartige Geschichtenerzähler und bieten neben den üblichen Fahrten auch solche extra für Familien (gratis für Kinder, die dann auch mal ans Steuerrad dürfen) und Genießer (*Beer Voyage* inklusive Tasting) an.

Weiter geht es hinauf zum Lake Louise. Man folgt am besten dem Bow Valley Parkway entlang des Bow River, der immer wieder den Blick freigibt auf das eisblaue Wasser des Flusses und die umliegenden Berge. Das gleichnamige Dorf liegt linker Hand, rechter Hand das Lake Louise Ski Resort, das auch im Sommer allerhand zu bieten hat. Im Winter lebt das Resort, das Kanadas bestes sein soll, jedoch wirklich auf. Rund um den Whitehorn Mountain gibt es unzählige Abfahrten für alle Schwierigkeitsgrade, und der Sessellift endet nicht umsonst auf dem »Top of the World«.

Das 800-Seelen-Dorf Lake Louise ist winzig und besteht im Wesentlichen aus einem Bahnhof, einer Tankstelle und ein paar Lodges. Durch die Sandwichlage zwischen dem Ski-Resort auf der einen und dem Fairmont Lake Louise Hotel auf der anderen Seite ist im Ort selbst relativ wenig los. Wenn ich hier bin, fahre ich gerne noch ein bisschen weiter, am See vorbei Richtung Moraine Lake in die gleichnamige Lodge. Genau genommen befindet sich der Moraine Lake zwei Täler und rund vierzehn Kilometer weiter, was dazu führt, dass die Unterkunft schon mal nicht ganz so überlaufen ist wie die Lodges in Lake Louise. Das Hotel selbst wirkt mit seinen rustikalen Chalets im Blockhausstil wie eine ganz eigene Welt. Nachmittags gibt es Tee in der Bibliothek, was besonders großartig ist, wenn man morgens beispielsweise den nicht ganz einfachen, dafür umso lohnenswerteren Wanderweg zum Turm von Babel (engl. *Tower of Babel Route*) bewältigt hat. Die Strecke führt hauptsächlich über Geröll, und es werden mindestens Trekkingschuhe für einen sicheren Tritt sowie ein Helm, einfache Handschuhe (Gartenhandschuhe mit Grip reichen schon) und Wasser für unterwegs benötigt. Hin und zurück sind es knappe drei Kilometer mit einem Unterschied von etwa 500 Höhenmetern. Wenn von oben ein »Head!« ertönt, ist Steinschlag oder zumindest etwas Geröll zu erwarten. Wer selbst Steine lostritt, sollte ebenfalls die unterhalb von ihm befindlichen Wanderer warnen. Von hier oben ist der Ausblick auf den kristallblauen Moraine Lake einzigartig. Es sind im Übrigen die Sedimente der Rockies, die den Bergseen hier ihre einzigartigen Farben verleihen. Je nach Sonneneinfallswinkel und Jahreszeit schimmern sie in tiefem Blau bis hin zu hellem Grün – außer natürlich im Winter, wenn sie gefroren sind und auf dem Eis riesige Schneefelder entstehen.

Von Tagestouren zum Moraine Lake rate ich ab. Die kurze Zeit im Jahr, in der die Straße geöffnet ist (Mai bis September), stauen sich hier gerne die Autos. Viele drehen dann wieder um, versuchen, in Lake Louise zu parken oder von dort einen Shuttlebus zu nehmen. Das ist kein leichtes Unterfangen, weil der Bus nur mit vorheriger Reservierung genutzt werden kann. Also entweder man kümmert sich rechtzeitig um den Shuttleservice, oder – noch besser – man übernachtet gleich am Moraine Lake. Wenn Sie es doch ohne Übernachtung und ohne Shuttle probieren wollen, haben Sie am ganz frühen Morgen (ab Sonnenaufgang) oder am frühen Abend (ab achtzehn Uhr) die beste Chance, einen Parkplatz zu finden. Eine Garantie gibt es aber auch dann nicht.

Es soll ja Menschen geben, die ins Bow Valley kommen und das Auto kaum verlassen. Das kann man zwar machen, ist aber angesichts dessen, was einen abseits der Massen erwartet, die im Sommer in unzähligen Bussen anrollen, wirklich eine Schande. In diesem Sinne würde ich auch dazu raten, Lake Louise etwas anders kennenzulernen. In fast allen Unterkünften oder auch im Internet kann man Kajaktouren auf dem See buchen. Damit lässt man schon mal viele Leute hinter sich und hat zudem eine einzigartige Sicht auf das Fairmont Hotel, das, ähnlich wie seine Schwester in Banff, in seiner majestätischen Größe das Tal beherrscht. Das Paddeln entschleunigt außerdem herrlich und gibt einem angesichts des Bergpanoramas das Gefühl, ganz klein zu sein. Vom Schwimmen würde ich eher abraten. Der Lake Louise ist ein Bergsee, und wer mal seine Füße ins Wasser hängen mag, wird schnell merken, wie eisig es ist. Selbst im Sommer erreicht der See selten mehr als fünf Grad Celsius.

Doch das ist bei Weitem nicht alles, was Lake Louise, neben unzähligen weiteren Wanderwegen, zu bieten hat. Die schönste Tagestour für mich führt zu den Teehäusern.

Teehäuser? Ja, Sie haben richtig gelesen. Rechts neben dem Fairmont Hotel beginnt der Anstieg zum Lake Agnes. Keine Sorge, für diese Tour brauchen Sie keinen Helm oder herausragende Alpinismuskenntnisse. Allerdings hilft es auch hier, sehr früh am Morgen zu starten. Je später am Tag, desto größer die Menschenmassen, die einen leicht verzweifeln lassen. Es lohnt sich also ein Abmarsch um 6.30 Uhr auf dem Lakeshore Trail entlang der Promenade (mit dem See linker Hand). Nach etwa 200 Metern beginnt rechter Hand der Lake-Agnes-Trail. Ein Schild weist den Weg: »Lake Agnes 3.6 km«. Der Anstieg führt durch den Wald über 400 Höhenmeter auf insgesamt 2135 Meter, die auch von ungeübten Spaziergängern gut zu schaffen sind. Im Juni kann noch, im September bereits wieder Schnee liegen. Die erste halbe Stunde ist die steilste. Man hat in etwa die Hälfte des Weges geschafft, wenn man an einer Haarnadelkurve einen Blick zurück ins Tal auf Lake Louise werfen kann. Kurz danach erreicht man schon den Mirror Lake, von dem aus man das *Tea House* auch schon rechts der großen Felsformation Big Beehive (dt. *Großer Bienenstock*) sehen kann. Die letzte Hürde sind die Treppen. Je nach Kondition erreicht man das Teehaus nach einer guten Stunde. Wer es vor acht Uhr schafft, pünktlich zur Öffnung des Teehauses, hat gute Chancen auf einen der schönen Tische im Freien.

Seit über hundert Jahren gibt es hier oben bereits frisch gebrühten Tee. Ein bisschen Geduld muss man mitbringen, denn es dauert, bis auf dieser Höhe das Wasser erhitzt ist. Bis heute gibt es im Lake Agnes Tea House keinen Strom. Das Haus wird von Studenten bewirtschaftet, die den Sommer hindurch im Loft über der Küche und in zwei einfachen Hütten hinter dem Haus wohnen. Das Wasser stammt aus dem See, und alle Vorräte werden aus dem Tal herbeigeschafft. Zu Beginn einer jeden Saison bringt ein Helikopter einen Tag lang rund 5000 Kilo Vorräte hinauf, darunter Propangas, Mehl, Zucker und Tee – das sind bis zu dreißig Flüge. Den Sommer über bringen dann die Saisonkräfte den Müll vom Berg hinunter ins Tal und tragen im Rucksack die frischen Zutaten für die Küche hinauf.

Der See wurde nach der Frau des ersten Premierministers von Kanada benannt, Lady Agnes MacDonald. Im ersten Sommer nach der Gründung des Nationalparks, 1886, besuchte sie die Gegend und war so sehr von der Lage und Schönheit des Gewässers eingenommen, dass man ihm später ihren Namen gab. 1901 wurde das Gebäude von der Eisenbahngesellschaft *Canadian Pacific Railway* errichtet; anfangs diente es Wanderern als einfache Unterkunft in den Bergen. Während das Haus Anfang der 1980er-Jahre behutsam renoviert wurde, blieben die ursprünglichen Fenster und Teile des Mobiliars erhalten und geben so dem Ort seinen besonderen Charme.

Wenn man es bis hierher geschafft hat und frisch gestärkt ist, möchte man nicht gleich wieder absteigen. Das müssen sich einst auch die Bosse der *Canadian Pacific Railway* gedacht haben, bevor sie 1927 noch etwas weiter oben mit direktem Blick auf den Lake Louise ein weiteres *Tea House* erbauen ließen – von zwei Schweizer Brüdern, die es im Stil eines Alpenchalets anlegten. Es war die Zeit der Goldenen Zwanziger, in denen erstmals in größerem Ausmaß gut betuchte Touristen aus Europa, besonders dem Vereinigten Königreich, aber auch Frankreich und Deutschland, Reisen durch Nordamerika unternahmen. Und natürlich erwarteten die Herrschaften überall – auch im Hochgebirge – ihren Tee. Die Tradition ist geblieben, und so erfreut sich das etwas abgelegenere Plain of Six Glaciers Tea House großer Beliebtheit bei jenen, denen für eine Tasse Tee fast kein Weg zu weit ist. Auch hier wird alles noch ohne Strom zubereitet, um die Ursprünglichkeit des Ortes zu erhalten. *Off the grid*, das selbstgenügsame, autarke Leben, ist ein Konzept, das nicht wenige Menschen an den Rockies fasziniert. So auch die Sommerarbeitskräfte, die in Schichten für jeweils fünf Tage auf den Berg kommen.

1959 ging das *Tea House* in den Privatbesitz von Joy Kimball über, die hier oben zwei Töchter allein großzog. Inzwischen betreibt ihre Tochter Susanne die Institution. Neben den zwanzig Laib Brot, die hier täglich frisch gebacken werden, ist der Schokokuchen legendär, für den die Einheimischen aus dem Tal seit über fünfzig Jahren gerne aufsteigen. Wenn die tibetischen Windpferde, so heißen die bunten Gebetsflaggen aus dem Himalaja, durch die Bäume blitzen, hat man es geschafft. »Jeder Gast wird hier noch persönlich begrüßt«, erzählt Susanne. »Die Gebetsflaggen sind Symbole für Frieden und Achtsamkeit einerseits, andererseits ein Glückwunsch für die Wanderer, die den Berg bezwungen haben. Manchen Leuten ist das *Tea House* ihr Everest, und ich finde, sie können ruhig stolz auf ihre Leistung sein.« Solange es geht, möchte Susanne dieses kleine Paradies auf Erden bewahren. Zu den Regeln gehört, dass man sein Mobiltelefon eingesteckt lassen und lieber mit den anderen Gästen ins Gespräch kommen soll. Oft ergeben sich so unverhoffte Begegnungen und neue Wandergruppen, die sich schließlich gemeinsam auf den Weg zurück ins Tal machen. Die echten Bergsteiger freilich beginnen ihre Touren erst hier.

Niagara und andere Fälle – Kanada im Film

I absolutely want a career where you make'em laugh and you make'em cry. It's all theater.
– Jim Carrey, Schauspieler & Komiker

Zum ersten Mal wurde Kanada 1897 für filmwürdig befunden. Da steckte das neue Medium überall auf der Welt noch in den Kinderschuhen. Es waren die Filmpioniere schlechthin, die Brüder Auguste und Louis Lumière, die das Land für sich entdeckten. Das Motiv, wie könnte es anders sein, waren die Niagarafälle. Ihr Werk *Les chutes* (dt: *Die Fälle*) kam noch mit der bescheidenen Länge von einer Minute aus.

Ich weiß nicht, wie oft die Niagarafälle seither abgelichtet wurden, aber ich kenne immerhin einen Film, in dem sie so gut wie gar nicht zu sehen sind. Das ist deswegen befremdlich, weil der Titel *Niagara* (mit Marilyn Monroe in der Hauptrolle) doch etwas anderes vermuten lässt. Als der Chef der damals allmächtigen Produktionsfirma Twentieth Century Fox die Muster des Films sah, bekam er einen Tobsuchtsanfall. In den von ihm beanstandeten Szenen sind Schauspieler in kanadischen Polizeiuniformen zu sehen. Eigentlich kein Wunder, denn die wohl bekanntesten Wasserfälle der Welt befinden sich zwar zwischen beiden nordamerikanischen Ländern, doch die Jurisdiktion obliegt der kanadischen Seite. Das aber schien den Zuschauern in den USA nicht zumutbar zu sein, die das Naturschauspiel in überwiegender Mehrheit als amerikanisch betrachteten. Daher wurden alle Szenen mit kanadischem Bezug schlicht herausgeschnitten, was die Handlung wirr und den Filmtitel absurd machte.

Bis heute ist Kanada ein weltweit hochgeschätzter Drehort – doch oft müssen die eindrucksvollen Locations für ganz andere Handlungsorte herhalten. Sie würden sich wundern, wie oft Ihnen ein Hollywoodfilm oder eine TV-Serie vorgaukelt, in New York, Chicago oder dem amerikanischen Wilden Westen gedreht worden zu sein, in Wirklichkeit aber in Ontario, British Columbia oder Alberta entstanden ist. Der Grund ist erstens das Preisgefüge, denn aufgrund des günstigen Verhältnisses des US-Dollars zum kanadischen Dollar lässt sich für Produzenten auf diese Weise viel Geld sparen. Zweitens verfügt Kanada über eine große und professionelle Produktionslandschaft (allein in Toronto beläuft sie sich auf 30 000 Arbeitsplätze), auf die Regisseure und Schauspieler aus anderen Ländern gern zurückgreifen.

Das vielleicht schönste Beispiel für eine solche Mimikry ist das oscarprämierte Musical *Chicago* von 2002. Anders als der Titel vorgibt, wurde es komplett in Toronto gedreht, z. B. in der ehrwürdigen Osgoode Hall (hier spielte die Gerichtsszene), im Queen's Park oder der traumhaft schönen, neoklassizistischen Union Station (dem größten Bahnhof Kanadas). Die musikalische Schlussszene bestritten Catherine Zeta-Jones und Richard Gere auf einer Bühne der legendären Elgin and Winter Garden Theatres. In dieser wunderbar plüschigen Kinowelt wurden schon ab 1913 Stummfilme gezeigt. Recht schnell rankten sich alle möglichen Spukgeschichten um das Gebäude und ließen es noch geheimnisvoller erscheinen. Aber selbst Hausgeister wie die mysteriöse »Lavender Lady« konnten den kommerziellen Abstieg des Filmpalastes nicht verhindern, der in den 1970er-Jahren zur Abspielstätte von Softpornos verkam und zwischenzeitlich sogar abgerissen werden sollte. So weit kam es zum Glück nicht. Heute sind die Elgin and Winter Garden Theatres einer der Veranstaltungsorte des Toronto International Film Festival (TIFF).

Das TIFF ist übrigens eines der bedeutendsten Filmfestspiele der Welt und zählt neben Cannes, Venedig, Berlin und Sundance zu den »Big Five«. Es ist außerdem eines der besucherfreundlichsten Festivals mit einer Vielzahl von Veranstaltungen und Events. Charakteristischerweise gibt es hier keine Wettbewerbsjury, und der Publikumspreis, der »People's Choice Award«, ist die wichtigste Auszeichnung, während er bei den anderen Festspielen eher als Trostpreis unter dem Motto »Sieger der Herzen« verliehen wird. Hauptquartier des Festivals ist nicht das Elgin, sondern die »Lightbox«, ein hypermodernes Kulturzentrum, das zugleich als Herzstück der kanadischen Filmszene zu betrachten ist. Ein Hauptgeldgeber für die Lightbox und das TIFF ist neben staatlichen Organisationen und Wirtschaftsunternehmen die Reitman-Familie. Ivan Reitman ist einer der erfolgreichsten Komödienregisseure und Produzenten der Welt und zugleich einer von vielen Kanadiern, die in Hollywood Fuß fassen konnten. Doch dazu später mehr.

Good Will Hunting, der als ein klassischer Boston-Film gilt, wurde zu einem großen Teil ebenfalls in Toronto gedreht. Die dortige Universität bekam die Aufgabe, die ehrwürdige

Harvard University und das MIT darzustellen. Das pompös-luxuriöse Fairmont Royal York Hotel in Toronto wiederum zieht mit seinem verspielten Zuckerbäckerstil als Filmlocation jedes Jahr angeblich um die zwanzig Hollywood-Produktionen an.

Doch das ist noch lange nicht das Ende der Fahnenstange. Als der am häufigsten genutzte Drehort Kanadas gilt das riesige Riverview Hospital in Coquitlam, einem Vorort von Vancouver. Es ist eine ehemalige, 1909 erbaute Nervenheilanstalt mit zeitweise 4300 Patienten. Fans von Serien wie *Akte X*, *Supernatural*, *Arrow*, *Smallville* oder *Prison Break* wird der Ort ebenso bekannt vorkommen wie Kinobesuchern von *Butterfly Effect* oder *Deadpool 2*. Die epischen Kämpfe sowohl der Eingangs- als auch der Schlussszenen des Letztgenannten wurden hier gedreht. Der kanadische Horrorstreifen *Grave Encounters* bezieht sich direkt auf die Geschichte der Gebäude und handelt von einem Team selbst ernannter Geisterjäger, das in den architektonischen Labyrinthen einer einstigen Psychiatrieklinik mit seinen düsteren Geheimnissen dem Wahnsinn verfällt. Spannend mag das allemal sein, doch dem Genius Loci wird es nicht gerecht, denn das Riverview Hospital war seit seiner Gründung auf einen menschenwürdigen und behutsamen Umgang mit den Patienten bedacht.

Eine ebenfalls äußerst beliebte Location ist das im Stil der schottischen Neugotik erbaute Universitätsgebäude Hatley Castle auf Vancouver Island. Eine stilprägende Rolle spielt es im Universum der *X-Men*-Filme, denn dort dient es als wiederkehrende Kulisse der »Schule für begabte junge Menschen«, wo Mutanten lernen, mit ihren verstörenden Superkräften klarzukommen. An verschiedensten Orten auf Vancouver Island entstanden auch zahlreiche Szenen der von Kritikern gehassten, von Millionen Teenagern abgöttisch geliebten

Vampir-Saga *Twilight*, die es bislang immerhin auf fünf Kinofilme gebracht hat.

Toronto und Vancouver liefern sich seit Jahrzehnten einen erbitterten Zweikampf um den Titel »Hollywood North« und den drittwichtigsten Filmstandort Nordamerikas nach Los Angeles und New York. Mal sprechen die erwirtschafteten Umsätze und die Zahl der produzierten Filme für die eine, dann für die andere Stadt. Die Provinz Alberta ist in diesem Wettstreit außen vor, kann aber locker mithalten, wenn es um besonders heiß begehrte Drehorte geht. Vor allem die einzigartigen Nationalparks sind für Filmemacher attraktiv, doch die charaktervollen Ortschaften werden ebenfalls nicht verschmäht. *Brokeback Mountain*, der Oscargewinner von 2006, entstand ebenso in der Gegend zwischen Calgary und Fort Macleod wie die späteren Staffeln der Serie *Fargo*.

Weniger leicht machten es sich die Location Scouts des fulminanten Oscarsiegers von 2016 *The Revenant*. Fünf Jahre lang sollen sie durch die halbe Welt gereist sein, um die perfekten Orte für Regisseur Iñárritu zu finden, der neben seinem Hauptdarsteller Leonardo DiCaprio die Landschaft zum zweiten großen Star seines Überlebensdramas auserkoren hatte. Fündig wurden sie schließlich nicht nur in Argentinien, sondern vor allem in Alberta: in den Badlands, dem Bow Valley, am Abraham Lake sowie in Kananaskis Country.

Alle Regionen zwischen Vancouver und Toronto sind sich des Stellenwertes der Filmindustrie sehr bewusst, weshalb es allerorten eine Vielzahl spezialisierter Guides gibt, die empfehlenswerte Führungen zu den Originalschauplätzen von Filmen und aktuellen Serien anbieten. Die Romanverfilmung *The Shipping News* (dt. *Schiffsmeldungen*) ist ein interessanter Spezialfall, denn die Handlung spielt ganz klar in Neufundland, sollte ursprünglich aber nach Maine verlegt werden, weil der zunächst angefragte Schauspieler John Travolta dort lebt und gern einen kurzen Weg von seinem Haus zum Drehort gehabt hätte. Am Ende blieb es aber doch bei Neufundland. John Travolta wurde gefeuert und durch Kevin Spacey ersetzt.

Noch ein Wort über all jene Kanadier, die in der US-Filmwirtschaft arbeiten. Das sind nämlich enorm viele. Da sind erst einmal Schauspielerinnen und Schauspieler, die man wohl auf den ersten Blick für waschechte Amis halten würde: Michael J. Fox, William Shatner, Pamela Anderson, Jim Carrey, Dan Aykroyd, Donald Sutherland und sein Sohn Kiefer Sutherland, Keanu Reeves, Ryan Reynolds, Ryan Gosling, Mike Myers, Seth Rogan, Ellen Page, Evangeline Lilly und viele mehr. Kaum bekannt ist auch, dass James Cameron, dank Filmen wie *Terminator*, *Titanic* und *Avatar* der wohl erfolgreichste Regisseur aller Zeiten, in Kapuskasing, Ontario, geboren wurde und im kanadischen Niagara Falls aufwuchs (da haben wir sie wieder, die schicksalhaften Fälle!). Für seine visionären Blockbuster war Kanada als Standort letztlich zu klein, weshalb Cameron seit etlichen Jahren in den USA lebt. Die semidokumentarischen Teile von *Titanic* hat er aber dann doch stilecht in Halifax gedreht (wo auch die meisten Opfer der Schiffskatastrophe begraben sind) sowie in den Gewässern vor Neufundland, wo das Wrack der Titanic liegt.

Was Geld, Starpotenzial und Marketing betrifft, kann der kanadische Film mit Hollywood nicht annähernd mithalten – was durchaus ein ernstes Problem ist, vor allem für englischsprachige Filme. Selbst von Kritikern gefeierte Werke haben es in Kanada schwer, ihr Publikum zu finden. Etliche schaffen es nur alibimäßig oder gar nicht ins Kino. Montreal, die drittgrößte Filmstadt Kanadas, hat es noch vergleichsweise leicht, da die dort überwiegend in französischer Sprache gedrehten Produktionen einem viel geringeren Konkurrenzdruck ausgesetzt sind und sich auf ihre frankokanadische Fanbase verlassen können.

Typisch kanadisch ist auch die Geschichte der frühesten Anfänge des Films hierzulande. Der erste kanadische Regisseur war skurrilerweise ein Farmer aus Manitoba. Nur ein Jahr nach den Brüdern Lumière tourte James Freer mit Dokumentaraufnahmen durch England. Seine Streifen waren als Werbung gedacht, um die Einwanderung nach Manitoba voranzutreiben.

Das erste kanadische Kinodrama dagegen entstand 1913 in Halifax, hieß *Evangeline* und war ein großer Erfolg in ganz Nordamerika. Von seiner Qualität können wir uns heute nicht mehr überzeugen, denn es existieren leider keine Kopien mehr, zumindest keine, von denen Historiker oder Medienwissenschaftler wissen.

Dass der Film verschollen ist, passt gut zu der Frage, weshalb Vancouver und die kanadische Pazifikküste den atlantischen Provinzen in Film-Angelegenheiten den Rang abgelaufen haben. Die Antwort ist verblüffend einfach: Es liegt am Wetter. Ähnlich wie in Los Angeles und Hollywood ist das Wetter in Vancouver immer einigermaßen gleich und vorhersehbar. Die dominierende Lichtstimmung entlockt jedem Oberbeleuchter einen Seufzer der Freude. Wie anders es diesbezüglich am Atlantik zugeht, mussten die Macher des Psychothrillers *The Lighthouse* (dt. *Der Leuchtturm*) von 2019 schmerzlich erfahren. Sie drehten in einem Leuchtturm an der Südküste von Nova Scotia, was ich sehr begrüße, denn wo anders sollte man ein Leuchtturmdrama drehen als hier? Doch das Wetter schlug immer wieder Kapriolen, ließ sich nicht einmal tageweise planen, und wenn Equipment fehlte, war es im Umkreis von Hunderten Kilometern nirgends zu beschaffen, sondern musste zeitraubend aus Montreal oder gleich den USA herangeschafft werden. Ich bin mir fast sicher, dass die Macher ihr nächstes Epos am Pazifik oder in einer gesichtslosen Großstadt drehen werden. Dem Film selbst sieht man das übrigens gar nicht an. Er bietet Nervenkitzel vom Feinsten, und die Kritiker in Nordamerika waren sich in ihrem Lob einig wie selten.

Doch die Schwierigkeiten des kanadischen Films sind geblieben. Seine einzige Chance besteht darin, mit erzählerischer Dichte oder Radikalität zu punkten. Der erste und wohl wichtigste Regisseur, der dies wegweisend vorgemacht hat, war David Cronenberg, der 1943 in Toronto geboren wurde, wo er noch heute lebt. Cronenberg startete seine Karriere in den 1970er- und 1980er-Jahren mit stilbildenden Kultfilmen, die das Genre des »body horror« begründeten. Der Schrecken entsteht in seinen Filmen nicht durch Monster oder aufwendige Spezialeffekte, sondern direkt im Körper der Protagonisten. Der 1975 erschienene Film *Shivers* (dt. *Parasiten-Mörder*) über das gescheiterte Experiment eines Wissenschaftlers, defekte menschliche Organe durch sich selbst regenerierende Mikroorganismen zu ersetzen (die natürlich außer Kontrolle geraten), wurde zum bis dahin kommerziell erfolgreichsten Film Kanadas. Zugleich wurde Cronenberg massiv von rechtskonservativen Kreisen attackiert, der Film führte im Parlament zu einer Debatte über die Grenzen künstlerischer Freiheit und sogar dazu, dass die empörte Vermieterin den Regisseur aus seiner Wohnung warf. In *Videodrome* von 1983, einer Parabel auf das Video-Zeitalter, verschmelzen Protagonist und VHS-Kassette zu einer Einheit, in *Die Fliege* mutiert er, nicht unähnlich Kafkas *Die Verwandlung*, in ein Insekt.

Ehrlicherweise sind solche Filme, von denen Cronenberg viele weitere produziert hat, nichts für mich, weshalb ich mir die Schilderung der eigentlichen Schockeffekte erspare. Aber Cronenberg konnte auch ganz anders. Das Psychodrama *Dead Ringers* (dt. *Die Unzertrennlichen*) gab Jeremy Irons die Möglichkeit, in einer brillanten Doppelrolle ein eineiiges Zwillingspaar zu verkörpern, beide Gynäkologen, die anfangs leichtfertig ihre Liebschaften unerkannt miteinander teilen und später daran zerbrechen, weil sie ihre Identitäten nicht mehr voneinander trennen können – für mich die beste Schauspielleistung, die Irons jemals vollbrachte. Der Film beruht auf authentischen Ereignissen. Hellmuth Karasek schrieb damals im »Spiegel«: »Der Ort des Schreckens ist Toronto. Hier ist man bestenfalls so zu Hause, wie man in einem Operationssaal zu Hause wäre. Nur dass in diesem OP sezierende Schnitte an der Psyche vorgenommen werden.«

Bis 2014 hat Cronenberg unermüdlich ein außergewöhnliches Opus nach dem anderen geschaffen und auf den Festivals in Cannes, Berlin und Toronto Preise erhalten, doch seitdem ist Schluss, wenn man Viggo Mortensen glauben will (die meisten werden ihn in der Rolle des Aragorn aus *Der Herr der Ringe* kennen). Mortensen besetzte in den meisten der späten Cronenberg-Filme die Hauptrolle. Er enthüllte, dass die Finanzierung weiterer Projekte für Cronenberg zu schwierig geworden sei und er sich daher für den Ruhestand entschieden habe. Der »Nestor des kanadischen Films« hätte auch einen ganz anderen Weg einschlagen können. Er war als Regisseur angefragt für einen *Star-Wars*-Film, für *Total Recall* mit Arnold Schwarzenegger und *Basic Instinct* mit

Sharon Stone. Am Ende blieb er aber immer seiner eigenen Vision treu.

Weitere bedeutende Regisseure, die immer auch ihre eigene Handschrift durchgesetzt haben, sind der armenischstämmige Atom Egoyan (*The Sweet Hereafter* – dt. *Das süße Jenseits* und *Chloe*) sowie Guy Maddin (*The Saddest Music in the World* mit Isabella Rossellini).

Der bekannteste frankokanadische Regisseur ist ganz sicher Denys Arcand. Ich vermute, Sie werden die Titel seiner Filme schon einmal gehört, diese jedoch nicht unbedingt gesehen haben: Neben *Jésus de Montréal* drehte er *Der Untergang des amerikanischen Imperiums* sowie *Die Invasion der Barbaren*. Mir geht es so, dass ich im Fall von Arcand die Titel cooler finde als die Filme selbst, dialogreiche Komödien mit wenigen wirklichen Pointen.

Denis Villeneuve aus Quebec möchte ich nicht zu den reinen Frankokanadiern zählen, weil er seit 2012 auf Englisch dreht. Mit *Enemy*, *Prisoners* oder *Sicario* hat er Meisterwerke des Psychothrillers abgeliefert und ist der derzeit vermutlich hochkarätigste Regisseur ganz Kanadas.

Nicht gänzlich vergessen darf man in so einem Überblick die Bedeutung der TV-Serien. Hier kann Kanada mit *Orphan Black*, *Lost Girl* und etlichen anderen Titeln international sehr gut mithalten. Zuletzt habe ich die erste Staffel von *Transplant* über einen syrischen Arzt gesehen, der aus seiner Heimat fliehen musste und nun mit seiner kleinen Schwester in Toronto Fuß fasst. Das Erstaunliche an dieser Serie ist die Abbildung kanadischer Realität im Mikrokosmos Krankenhaus. Hier wird das gesellschaftliche Mosaik, das Kanada im Alltag gerne für sich in Anspruch nimmt, sichtbar, vielleicht ist die Reihe deshalb so erfolgreich.

Selten hat mich eine Fernsehserie so überrascht wie *Bad Blood* (in Deutschland war sie zuerst auf Netflix zu sehen). Sie spielt in meinem geliebten Montreal, zeichnet jedoch ein Bild, das von meinem erheblich abweicht. In der Serie fechten die italienische Mafia, die irisch-orientierte Hafengewerkschaft sowie Motorradgangs einen gnadenlosen Krieg um die Vorherrschaft im Drogenhandel aus. Das Geschehen war für meinen Geschmack zu blutig und brutal, und ich fand es ebenso weit hergeholt wie die Behauptung, dass die Montrealer Stadtverwaltung komplett von der Mafia unterwandert sei. Doch dann begriff ich, dass fast alles in der Serie auf Tatsachen und der großartigen Recherche der beiden Investigativreporter Antonio Nicaso und Peter Edwards beruhte. Wow! Viele der mir unglaubwürdig erscheinenden Wendungen sind durch Mord- und Korruptionsprozesse sowie Politikerrücktritte mittlerweile ganz real belegt. Wenn ich das nächste Mal in Montreal bin, werde ich die Stadt wohl mit anderen Augen sehen.

Was ist nun aber für mich der beste kanadische Film aller Zeiten? Tja, da bin ich mir mit den meisten Filmkritikern einig. Es ist *Atanarjuat: The Fast Runner* (dt. *Atanarjuat – Die Legende vom schnellen Läufer*). Das bildgewaltige Epos von 2001 spielt vor etwa tausend Jahren in der Arktis und wurde ausschließlich in Inuktitut, der Sprache der dort lebenden Inuit, produziert. Entstanden ist der Film am Originalschauplatz in Nunavut, das ein Fünftel der Gesamtfläche Kanadas ausmacht und sechsmal größer als Deutschland ist. Dennoch wird das Territorium im Nordosten allzu oft übersehen. Schließlich leben in dieser unendlichen Weite nur 32 000 Einwohner, die weitaus meisten sind Inuit, die in bitterer Armut existieren.

Wenn es eines Beweises für meine These bedurfte, hier ist er: Der kanadische Film kann nur überleben, wenn er so authentisch wie möglich ist.

Warum kanadischer Wein unterschätzt wird

Go fetch to me a pint o' wine,
An' fill it in a silver tassie.
– Robert Burns, Dichter (1759–1796)

Haben Sie schon einmal von kanadischem Wein gehört? Ich muss gestehen, als ich nach Kanada gezogen bin, hatte ich nur eine vage Erinnerung an einen Eiswein, den mir meine erste große Liebe, ein Kanadier namens Michael, kredenzte. Dieser kam vom Gut eines Österreichers in Ontario, der in den 1970er-Jahren begonnen hatte, mit Rebsorten zu experimentieren. Michael erklärte mir, dass in Kanada jetzt Wein angebaut würde und dieser sich durchaus mit europäischen Tropfen messen könne. Ich war noch keine zwanzig, rechtlich gesehen nicht einmal alt genug, um in Nordamerika Alkohol trinken zu dürfen, und hatte nicht wirklich Ahnung von Önologie. Was dieser Begegnung aber auch nicht half: Der Wein schmeckte schrecklich, und ich blieb künftig äußerst skeptisch, wenn mir jemand Eiswein oder – noch schlimmer – kanadischen Wein verkaufen wollte.

In den Jahren zwischen diesem Erlebnis und meinem heutigen Leben in Kanada habe ich eine tiefe Liebe zu trockenen, ruppigen Weinen, vorwiegend aus Südfrankreich, entwickelt. Im Sommer darf es auch ein Riesling oder Rosé sein, wobei mich edle Tropfen aus der Neuen Welt, von welchem Kontinent auch immer, nicht wirklich überzeugt haben. Als mir auf einem Bauernmarkt in Toronto erstmals nach über zwanzig Jahren wieder ein kanadischer Wein zum Probieren angeboten wurde, war ich jedoch angenehm überrascht. Serviert wurde ein trockener Weißwein, der tatsächlich kaum von einem italienischen Pino Grigio zu unterscheiden war. Meine Neugier war geweckt. Trauben, so viel wusste ich, waren schon lange in Kanada heimisch.

Der Wikinger Leif Erikson hatte bei seiner Entdeckung Nordamerikas die nördliche Spitze Neufundlands wahrscheinlich deshalb »Vinland« genannt, weil er dort Wildreben entdeckte, die er aus Island und Grönland nicht kannte. Der schwedische Botaniker Carl von Linné wiederum beschrieb die amerikanische Wildrebe (lat. *Vitis labrusca*) im Jahr 1753 in seinem Standardwerk *Species Plantarum*. Doch das Vorkommen von Trauben allein macht ja noch lange keinen Wein. Auch die Römer tranken schon Rebsaft, der jedoch eher nach Essig geschmeckt haben soll als nach samtigem Chianti. Neben dem Wissen und Handwerk, beides erst seit den 1970er-Jahren in Kanada verbreitet, hat sicher auch der Klimawandel positiv zum Weinanbau in diesen Breitengraden beigetragen. Heute wird in Kanada Wein hauptsächlich in Ontario, Nova Scotia und British Columbia kultiviert – häufig auf der Basis deutschen Winzerhandwerks.

Während ich nach wie vor keine Anhängerin von Eiswein bin, besteht mein Mann darauf, dass ich Ihnen trotzdem davon erzähle. Und er hat ja recht. Wenn es einen Wein gibt, für den das Land über seine Grenzen hinaus bekannt ist, dann ist es Eiswein. Dass die Winter in Kanada nichts für Warmduscher sind, habe ich schon erwähnt. Doch die Winzer brauchen für diese Sorte Wein zusätzlich noch viel Geduld, und das alle Jahre wieder. War das Wetter in den Sommermonaten gut, sind die Trauben gereift, gilt es, den ersten Frost abzuwarten. Doch wann der kommt, ist stets ungewiss, und so lange sollten die Beeren besser am Rebstock bleiben und nicht von gierigen Vögeln verschlungen werden, die sich auf dem Weg gen Süden damit die Bäuche vollschlagen. Dagegen helfen in erster Linie Netze. Ist diese Gefahr gebannt, sollte die Temperatur unter minus acht Grad fallen, bevor der Wein geerntet werden kann. Doch auch dann ist der gute Tropfen noch lange nicht in Sicherheit! Der Bär ist nämlich dazu übergegangen, sich nicht mehr mit Trauben von der Rebe zufriedenzugeben oder sich in albernen Netzen zu verfangen. Kurz vor seinem jährlichen Winterschlaf begibt er sich lieber auf die Höfe der Winzer, öffnet geschickt die Deckel zu den Bütten und schaufelt sich die Trauben direkt ins Maul. Gehen wir von einem normalen Jahrgang aus, dann findet die Weinlese natürlich in gefrorenem Zustand statt. Anders als für Meister Petz ist dies kein Zuckerschlecken, sondern Knochenarbeit. Die Ernte erfolgt mit Handschuhen und Schneeanzug. Mit der Leseschere, deren Handhabung unter diesen Umständen alles andere als einfach ist, geht es den Reben an den Kragen. Die Lagerung der Erntebehälter muss auch deshalb im Freien erfolgen, weil die Pressung schließlich ebenfalls in gefrorenem Zustand durchgeführt wird. Das bedeutet in den meisten Fällen (wenn kein entsprechender Zaun vorhanden ist) leichtes Spiel für die Bären. Jede gefrorene Beere enthält, wenn sie aufgetaut ist, nur ein paar Tropfen Flüssigkeit, meist weniger als zwanzig Prozent, was den Wein am Ende so kostbar macht. Die Gärung dauert dann noch einmal zwischen zwei und sechs Monaten. Zu den gängigsten Eiswein-Trauben in Kanada gehören Vidal blanc, Gewürztraminer und Riesling.

Was den kanadischen Wein abseits des Eisweins für Liebhaber besonders macht, sind die verschiedenen Regionen des Landes mit ihren unterschiedlichen Böden und Sorten. Nova Scotia ist das kleinste Anbaugebiet und von daher außerhalb der Provinz auch wenig bekannt. Es ist gerade einmal 400 Hektar groß und hat somit in etwa die Größe der Rebfläche von Sachsen. Die Trauben, die hier angebaut werden, sind hauptsächlich L'acadie blanc, bekannt als neuschottischer Chardonnay, und Seyval Blanc, eine Sorte, die ursprünglich aus dem Rhonetal stammt, sich besonders für den Anbau in kühleren Gefilden eignet und an einen Sauvignon Blanc erinnert.

Ontario hat die größten Rebflächen des Landes und ist diesbezüglich mit unserer Moselregion vergleichbar. Bis heute wird hier auch der meiste Eiswein produziert. An den Reben finden sich viele klassische Beeren wie Chardonnay, Riesling, Pinot, Cabernet und Gamay. Es lohnt aber auch, den hiesigen Sekt zu probieren, der teilweise nach der traditionellen Champagnermethode gekeltert wird.

Beim Kauf von kanadischen Weinen gilt es, die Herkunftsbezeichnung VQA (Vintners Quality Alliance) ähnlich der französischen Appellation d'Origine Contrôleé (AOC) zu beachten. Wie in Europa auch garantiert das Siegel einen gewissen Qualitätsstandard. Ob der Tropfen allerdings mundet, ist natürlich eine ganz andere Frage. Um das herauszufinden, hilft nur eines: probieren, probieren, probieren.

Mit Abstand am besten schmecken mir persönlich die Weine aus British Columbia und hier ganz besonders aus

Kelowna und dem Okanagan Valley. Obwohl die Anbaugebiete in British Columbia deutlich kleiner sind als in Ontario, gibt es hier weitaus mehr Kellereien. Kleinere Rebflächen haben es insbesondere jungen Winzern ermöglicht, sich auszuprobieren und neue Wege zu gehen. Die Vielfalt ist einfach großartig. Durch das trockene, sonnenreiche Klima war das Okanagan Valley ursprünglich als Obstanbaugebiet bekannt. Seit den 1990er-Jahren wurden jedoch viele Flächen umgewidmet, und seither wird vermehrt Wein angebaut. Ich erinnere mich noch gut daran, als mir Kelowna zum ersten Mal auffiel – auf dem »Departures«-Bildschirm am Flughafen von Vancouver 2004. Mein Flieger war verspätet, und beim Starren auf den Bildschirm überlegte ich, wo dieser Ort wohl liegt, dessen Name mir gänzlich unbekannt war und zugleich so verheißungsvoll klang. Es sollten noch ein paar Jahre vergehen, bis ich wieder nach British Columbia und endlich auch in dieses zauberhafte Tal kam, das rund 400 Kilometer östlich von Vancouver liegt. Kelowna am Lake Okanagan hat 120 000 Einwohner und ist in den letzten Jahren zu einem Geheimtipp für jene geworden, denen Vancouver zu groß und zu urban ist. Junge Familien, Modedesigner und Start-ups gehören zu denen, die sich gerne hier niederlassen, wenn sie das nötige Kleingeld haben oder ihre Arbeit auch im Homeoffice erledigt werden kann.

Im ersten Moment fühlte ich mich in Kelowna ein wenig wie in Südtirol. Wein wird hier seit Mitte des 19. Jahrhunderts angebaut. Die Weinberge reichen bis ans Wasser, bewaldete Anhöhen in sattem Grün mit lustigen Farbtupfern dazwischen locken verheißungsvoll zu Ausflügen und Wanderungen. So ganz falsch liege ich mit meiner Assoziation nicht, denn immerhin wird hier ein anderer italienischer Mythos beschworen – die Region vermarktet sich als die kanadische Toskana! Und weil in der Kulisse nebst kitschigen Sonnenuntergängen auch ein Kirchturm nicht fehlen darf, muss dafür der Glockenturm der Mission Hill Winery herhalten.

Der Mann, der hier ursprünglich alles ins Rollen brachte, heißt Anthony von Mandl. Er ist der Sohn deutscher Exilanten, die während des Zweiten Weltkriegs in Vancouver strandeten. Von Mandl wurde dort geboren und ging als Neunjähriger mit seinen Eltern wieder nach Deutschland. Doch er fühlte sich immer als Kanadier, und schon zum Studium kehrte er zurück. Nach seinem Abschluss in Wirtschaftswissenschaften versuchte er sich als Händler mit europäischen Weinen. Kein einfaches Metier, denn der Konsum in Kanada ist von den Provinzen stark reguliert, auch was den Großhandel angeht. Doch von Mandl hatte nach wie vor gute Kontakte nach Deutschland, die ihm nun zupasskamen. Einen Unterstützer seiner Vision fand er im Weingut Josef Milz, das in Trittenheim an der Mosel seit 1520 Weinanbau betreibt und besonders für seine ausgezeichneten Rieslinge bekannt ist. Die Qualität dieser Weine lag weit über dem, was das staatliche *Liquor Control Board* (LCB) zu dieser Zeit in British Columbia vertrieb. Von Mandl konzentrierte sich also erst einmal auf den Import deutscher Weine nach British Columbia. Jedoch hatte er die Rechnung ohne die Bürokraten des LCB gemacht, die überhaupt keine Notwendigkeit darin sahen, dem Jungspund irgendetwas abzukaufen. Selbst als der Patron des altehrwürdigen Weinguts, Othmar Schregel-Milz, nach Vancouver reiste, um seine Weine persönlich verkosten zu lassen, blieb die Altherrenriege stur. Doch so schnell gab von Mandl nicht auf. Er gründete eine Exportfirma, um zu eruieren, ob die deutsche Winzerei nach Nordamerika expandieren könnte.

Doch die Mühlen mahlten langsam, und als von Mandl schließlich vorschlug, die Mission Hill Winery zu übernehmen, hatte Schregel-Milz das Interesse verloren. Mission Hill war in den 1960er-Jahren von einem Konsortium einiger Lokalgrößen erbaut worden. Neben dem Wein sollte mit der Anlage eine Touristenattraktion für die Region geschaffen werden – nur dass die Touristen ausblieben und das Unternehmen schon nach kurzer Zeit seinen Betrieb vollständig einstellte. Der Gegenwind beflügelte Anthony von Mandl jedoch nur, und er kaufte 1981 Mission Hill, um dort Weinanbau zu betreiben. Heute ist von Mandl einer der reichsten Männer Kanadas und das Okanagan Valley ein unter Weinkennern weltweit beliebtes Anbaugebiet. Zu von Mandls Winzereien gehören hier im Tal CedarCreek, Martin's Lane and CheckMate.

Mein kanadischer Lieblingswein kommt übrigens von der Sandhill Winery. Hier und bei den benachbarten Calona Vineyards gibt es das ganze Jahr über Verkostungen von Weinen auch aus kleinen Chargen. Wer nicht viel Zeit hat und sich nicht »durch das Tal trinken« mag, bekommt in beiden Winzereien einen guten Einblick. Sie gehören Andrew Peller, dem Platzhirsch im Tal. Peller, ein ungarischer Einwanderer, begann etwa zur gleichen Zeit wie von Mandl mit dem Weinanbau. Sein erklärtes Ziel war es, die Kanadier auf dieselbe Art für Wein zu begeistern, wie er es aus Europa kannte. Vierzig Jahre später ist dieser Traum Wirklichkeit – auch, weil man in Kanada bescheiden geblieben ist. Qualität geht vor Profit, und Handwerk hat seinen Preis. Beides muss man hier niemandem erklären.

Für den Sommer empfehle ich den wunderbaren Rosé von Sandhill, der sehr an die südfranzösischen Roséweine erinnert und aus Gamay Noir-, Merlot- und Sangiovese-

Trauben gekeltert wird. Für die Sandhill-Weine zeichnet übrigens seit 2018 Sandy Leier verantwortlich, eine Winzerin, die in Kelowna aufgewachsen und eine der wenigen Frauen im hiesigen Weinbau ist.

First Nations statt Indianer

The land on which we stand is sacred ground.
It is the blood of our ancestors.
– Häuptling Plenty Coups, Crow (1848–1932)

Wer durch Kanada reist, findet vielerorts Zugang zu den ganz unterschiedlichen Stämmen, die Tausende Jahre vor den Europäern die Weiten Nordamerikas besiedelten. Die indigenen Ureinwohner des heutigen Kanadas werden unter dem Begriff »First Nations« (dt. *die Ersten Nationen*; frz. *Première Nations*) zusammengefasst. Hinzu kommen die Métis (Nachfahren der Cree und Europäer) sowie die in der Arktis lebenden Inuit.

Während die Bezeichnung »Indianer« für viele Deutsche unkritisch scheint, ist er für die First Nations historisch schlicht falsch und zudem kolonialgeschichtlich behaftet. Doch auch in Kanada gibt es bis heute die juristische Festlegung mit gewissen Rechten nur unter dem Begriff des sogenannten Indianergesetzes (engl. *Indian Act*) von 1876. Der

Begriff der »First Nations« hat keine rechtliche Definition oder Bedeutung. Im alltäglichen Sprachgebrauch sagt aber trotzdem niemand mehr »Indian«, außer er meint tatsächlich einen indischen Staatsbürger.

Rund 1,5 Millionen Menschen zählen zu den First Nations, Métis oder Inuit. Das kulturelle Erbe dieser »ersten Einwohner« wird inzwischen als wertvoll angesehen, und jede noch so kleine Schule im Land bietet den Kindern aus indigenen Familien Unterstützung in Brauchtumspflege und Identitätsbildung an. Das Bewusstsein für die Leiden der First Nations, die bis in die jüngste Vergangenheit reichen, ist in Kanada in den letzten Jahren deutlich gestiegen. Weite Teile der Bevölkerung, wenn nicht sogar die große Mehrheit, wissen um die Gräueltaten, die bis in die jüngste Zeit an den Angehörigen der First Nations verübt wurden, und die Geschichte aus indigener Sicht steht auf dem Lehrplan in den Schulen. Trotzdem kann all das nicht das Rad der Zeit zurückdrehen und systemische Benachteiligung, Rassismus und sexualisierte Gewalt ungeschehen machen. Wenn ich aber die Generation meiner Kinder betrachte, die schon von jungen Jahren an lernt, diese Ungerechtigkeit wahrzunehmen, sie zu benennen und nicht einfach hinzunehmen, glaube ich fest daran, dass wir auf einem guten Weg sind.

Das erste Mal, dass mein Sohn Antonio mit der Geschichte der Ureinwohner unseres Landes konfrontiert wurde, war am »Orange Shirt Day« in seiner Schule. Seit 2013 wird dieser Tag immer am 30. September begangen, um an die schmerzhafte Geschichte der »Residential Schools« in Kanada zu erinnern, die von etwa 1850 bis 1996 die Familien- und Sozialstrukturen der First Nations weitgehend zerstörten und viele Kinder unsäglicher Gewalt und schwerem Leid aussetzten.

Wir besorgten ein T-Shirt, damit Antonio dem Dresscode entsprach, und tatsächlich sahen wir an diesem Tag unzählige Schüler, aber auch Lehrer, Busfahrer und Angestellte in verschiedensten Geschäften in orangen Outfits. In der Schule fand am Nachmittag kein normaler Unterricht statt, sondern es gab diverse Veranstaltungen, bei denen die Schüler in kleinen Gruppen zu verschiedenen Themen mit Vertretern der Mi'kmaq, die in unserer Provinz zu Hause sind, arbeiteten. Da Antonio noch wenig über die Mi'kmaq wusste, wollte er erst einmal etwas eher Allgemeines lernen und beschäftigte sich mit ihrem Jahreslauf, der ursprünglich natürlich viel mit Nahrungsbeschaffung zu tun hatte: Im Januar fand die Robbenjagd statt. Von Anfang Februar bis Mitte März war die Hauptjagdzeit für Biber, Otter, Elche, Bären und Karibus. Ab Mitte März begann die Laichzeit der Fische. Ende April kamen zuerst die Heringe und dann die Kanadagänse aus dem Süden zurück. Ihre Ankunft war gleichsam das Zeichen für den Beginn wärmerer Monate. Es folgten Stör und Lachs sowie die Brutzeit der Wasservögel, aus deren Nestern die Eier gesammelt wurden. Von Mai bis September lebten die Mi'kmaq im Wesentlichen von der Hand in den Mund. An den Küsten gab es Kabeljau und Hummer, im Landesinneren Beeren, Früchte und Pilze. Der Herbst kündigte sich damit an, dass die Aale im September zu laichen begannen. Im Oktober und November wurden erneut Hirsche und Biber gejagt, bevor im Dezember eine Dorschart gefangen wurde, die in den kalten Gewässern des oberen Atlantiks beheimatet ist.

Basierend auf diesem Wissen lernten die Kinder nun die Bezeichnungen der Mi'kmaq'schen Monate kennen:

Januar	Frostfisch
Februar	Schneeblindheit
März	Frühling
April	Eierlegen
Mai	Junge Robben jagen und Heringe fangen
Juni	Sommer und junges Laub
Juli	Seevögel werfen Federn ab
August	Jungvögel werden flügge
September	Elchbrunft
Oktober	Die zahmen Tiere sind gemästet
November	Der-Fluss-gefriert-Mondzeit
Dezember	Häuptlingsmondzeit

Anschließend wurde ein bisschen diskutiert, ob die Monate exakt unserem gregorianischen Kalender entsprechen, und dabei kam heraus, dass es nur ungefähre Beschreibungen sind. Eine weitere Erkenntnis, die sich herauskristallisierte, war, dass die First Nations vor Ankunft der Europäer sehr gut in der Lage waren, ihre materiellen Bedürfnisse aus der Natur heraus zu befriedigen, ohne diese zu zerstören.

Was alle First Nations in Kanada vereint, ist ein gemeinsames Wertesystem, das auf den folgenden Tugenden basiert: Liebe, Respekt, Weisheit, Bescheidenheit, Mut, Wahrheit und Ehrlichkeit. Dies sind auch immer wieder die Themen in der Auseinandersetzung mit der heutigen Mehrheitsgesellschaft in Film, Kunst und Literatur. Andere Themen sind mentale Gesundheit, Sucht, Arbeitslosigkeit und Diskriminierung auf der einen sowie die Bedeutung von Familie und Mutter Erde auf der anderen Seite. Besonders die folkloristischen Themen und die Gebrauchskunst der Ureinwohner finden das Interesse von Urlaubern. Das ist auch wichtig, weil der Tourismus mittlerweile Teil der Lebensgrundlage für manche Stämme ist. Gleichzeitig ist es eine dünne Linie zwischen respektvollem Kennenlernen und unverschämter Neugier. Wenn Sie sich auf dem Gebiet einer First Nation befinden, achten Sie bitte doppelt darauf, sich achtsam zu verhalten. Jedes Jahr gibt es Hunderte von Beschwerden über Besucher, die Unrat hinterlassen oder »Souvenirs« mitnehmen, die sie in der Natur finden. Ein abgestoßenes Geweih beispielsweise ist kein Fundstück, das nur darauf wartet, mitgenommen zu werden – jedenfalls nicht von Urlaubern. Auch das ungefragte Fotografieren, insbesondere von Kindern, wird als übergriffig empfunden. Wenn Sie dort ein Museum besuchen, hinterlassen Sie gerne eine Spende oder kaufen Sie etwas, auch wenn Sie bereits Eintritt bezahlt haben. Sie helfen so ganz direkt mit, das Überleben der First Nations zu sichern.

Aufgrund der Vielfalt der First Nations, Métis und Inuit in Kanada ist es schwierig, Aussagen zu ihrer Kultur, Geschichte und heutigen Situation zu verallgemeinern. Im Großen und Ganzen ergeben sich die indigenen Rechte jedoch aus der ursprünglichen Besiedelung des Landes und den sozialen Ordnungen, die vor der Ankunft der Europäer in Nordamerika existierten. Am ehesten lassen sie sich auf den Grundsatz der Selbstbestimmung, insbesondere in Bezug auf Regierungsführung, Land, Ressourcen und Kultur, zusammenfassen. Dabei ist es keineswegs so, dass diese Rechte automatisch garantiert sind. In Hunderten von Einzelverfahren werden sie bis heute verhandelt, insbesondere was Grund und Boden angeht. Immer wieder werden Landrechte von örtlichen Verwaltungen und Provinzen in Zweifel gezogen und führen neben langwierigen Gerichtsverfahren zu Streit und gegenseitigen Vorwürfen.

2014 entschied der Oberste Gerichtshof von Kanada einstimmig für die Tsilhqot'in Nation in einem Verfahren gegen die Provinz British Columbia. Er lehnte das Ansinnen der Regierung ab, dass das Landrecht nur für Siedlungen und Fischgründe gelte, und stimmte stattdessen mit der First Nation darin überein, dass sich deren Rechte auf das gesamte traditionelle Territorium einer indigenen Gruppe erstrecken, auch wenn diese halbnomadisch ist und keine Siedlungen auf diesem Territorium gegründet hat. Er legte auch fest, dass Provinzregierungen immer die Zustimmung der First Nations benötigen, um Bauprojekte auf diesem Land zu genehmigen, und dass Behörden sich nur in seltenen und gut begründeten Ausnahmefällen über deren Beschlüsse hinwegsetzen können. Trotzdem gilt auch auf First-Nation-Territorien die jeweilige Provinzgesetzgebung.

Der derzeit größte Konflikt betrifft den Bau der *Coastal GasLink Pipeline* durch einen der größten Energiekonzerne Nordamerikas, TC Energy, auf dem Gebiet der Wet'suwet'en in British Columbia. Obwohl die Nation der Wet'suwet'en nicht eingewilligt hat, dass das Land für die Pipeline zur Verfügung gestellt wird, wurde mit ihrem Bau begonnen. An diesem Streit wird einmal mehr deutlich, wie kompliziert zum Teil die Binnenverhältnisse der First Nations und wie fragil Absprachen und Verträge mit den Bundesbehörden sind. Im Herbst und Winter 2019 eskalierte dieser Konflikt vollends und führte landesweit zu Protesten von solidarischen First Nations und Umweltschützern. Über Wochen waren Eisenbahnstrecken lahmgelegt und die Wet'suwet'en schafften es so, die Aufmerksamkeit auf ihre Rechte, aber auch die Probleme zu lenken, die im Zusammenleben zwischen der Mehrheitsgesellschaft und den First Nations nach wie vor bestehen.

Ob es mangelnder Respekt beispielsweise der Polizei gegenüber den Stammesältesten ist, der Raubbau an der Natur auf ihren Territorien oder der gönnerhafte Versuch von Politikern, einen Mantel des Schweigens über vergangenes Unrecht zu legen – der Weg zu einem respektvollen Miteinander ist noch weit.

Wer in Toronto lebt, weiß in der Regel, woher die Stadt ihren Namen hat. Im Sommer 2018 erlebte die Öffentlichkeit jedoch eine ganz neuartige Kampagne, die dazu aufrief, sich mit der Geschichte der Region zu beschäftigen. An den Bushaltestellen der Stadt hingen Plakate mit dem Titel »Mein TkaRonto-Bekenntnis«. TkaRonto ist der ursprüngliche Name der Stadt. In der Mitte des Plakats waren die Umrisse einer Hand zu sehen, die einen Eid ablegte. Im Rahmen einer Social-Media-Aktion, die für die Verwendung des Hashtags #TkaRontoForAll warb, wurde die Öffentlichkeit dazu aufgerufen, ein Selfie mit dem Plakat im Netz zu veröffentlichen. Die Kampagne wurde ein voller Erfolg. Nicht nur Social-Media-User bekannten sich zu der historischen Verantwortung gegenüber den First Nations, auch immer mehr Unternehmen und kulturelle Einrichtungen proklamieren inzwischen bei öffentlichen Veranstaltungen die Kernbotschaft: »Wir erkennen an, dass das Land, auf dem wir uns heute befinden, das traditionelle Gebiet vieler Stämme und deren Heimat ist. Mit der ausdrücklichen Anerkennung dieser Landrechte wollen wir an der Aussöhnung mitwirken, das Land und sein indigenes Erbe ehren, das mehr als 10 000 Jahre zurückreicht.«

Ein ähnlich schwieriges Thema war lange Zeit das Wahlrecht. Zwar gab es grundsätzlich bereits im 19. Jahrhundert für Angehörige der First Nations die Möglichkeit, an Wahlen teilzunehmen. Im Gegenzug mussten sie jedoch auf ihre traditionellen Stammesrechte verzichten, die im *Indian Act* von 1876 festgehalten sind. In der Folge waren nur wenige bereit, diesem Kuhhandel zuzustimmen. Auch als nach dem Zweiten Weltkrieg die Frage im Rahmen einer parlamentarischen Kommission erneut diskutiert wurde, waren indigene Vertreter nicht davon überzeugt, dass ihnen das Wahlrecht Vorteile bringen würde. Sie hatten nach wie vor die Sorge, dass ihnen langfristig die Souveränität streitig gemacht werden würde. 1950 erhielten die Inuit schließlich offiziell das Wahlrecht auf Bundesebene. Da sie aber derart verstreut in abgelegenen Siedlungen lebten, brauchte es weitere zwölf Jahre, bis schließlich überallhin Wahlurnen geliefert und Helfer vor Ort geschult worden waren und sie somit tatsächlich an Parlamentswahlen teilnehmen konnten. 1960 wurde unter dem damaligen Premierminister Diefenbaker das Wahlrecht für alle First Nations eingeführt, ohne dass sie im Gegenzug irgendwelche Rechte einbüßten. Es sollte trotzdem noch Jahrzehnte dauern, bis ihre Wahlbeteiligung erheblich stieg und sie sich auch aktiv am parlamentarischen System beteiligten. Heute entscheiden die First Nations selbst, ob sie innerhalb ihrer Gemeinschaften demokratische Wahlen oder traditionelle Wege nutzen, um sich zu organisieren. Unberührt bleibt davon das Wahlrecht des Einzelnen in Kommunal-, Provinz- und Parlamentswahlen.

Viele Reisende suchen in Kanada das Abenteuer – dort, wo die Natur das Sagen hat und sie die Hektik der Großstadt oder den grauen Büroalltag weit hinter sich lassen können. Die natürlichen Experten für das Leben in der Wildnis und den Urwäldern sind verständlicherweise vor allem indigener Herkunft. Ihre Überlebensfertigkeiten werden »Bushcraft« genannt, was so viel wie »Waldhandwerk« bedeutet. Der Begriff hat es inzwischen auch in die Outdoor- und Trekking-Szene in Deutschland geschafft, wo über Ausrüstungsgegenstände, wie aufblasbare Kanus und Messer gefachsimpelt wird. In Kanada wird dies meist ein bisschen belächelt, denn hier wird davon ausgegangen, dass es keiner besonderen Ausrüstung, sondern vor allem besonderer Fertigkeiten bedarf, um längere Expeditionen in der Wildnis durchzuführen.

So ist es nicht verwunderlich, dass mancher Bushcraft-Anbieter mit einem Schwächen-Stärken-Training beginnt, um erst einmal den Kenntnisstand eines Gasts zu prüfen. Denn wer sich fernab der Zivilisation bewegt, sollte als erstes Ziel im Kopf haben, auch wieder heil nach Hause zu kommen. Bären sind da mitunter das kleinste Problem. Ausdauer, Zähigkeit und der Umgang mit Erschöpfung werden ebenso trainiert wie der Bau von Booten aus Naturmaterial, das Errichten eines Unterschlupfs, der vor den Elementen schützt, das Identifizieren und Zubereiten wilder Lebensmittel, Handwerkstechniken, wie das Herstellen von Tauwerk, Körben oder Bogenbohrern, um Feuer machen zu können, Wetterkunde und vieles mehr.

Wer nicht viel Zeit mitbringt, sollte von frühen Alleingängen in die Natur absehen und lieber mit einem erfahrenen

Bushcrafter losziehen. Jedes Jahr geraten ausländische Rucksacktouristen in Not, weil sie die Gefahren der Natur unterschätzen. Wer einige Touren unter erfahrener Leitung gemeistert hat, kann dann auf eigene Faust aufbrechen. Worauf man trotzdem achten sollte: Immer am Ausgangsort Angaben über die geplante Tour, insbesondere die vorgesehene Rückkehr, hinterlassen, damit im Notfall reagiert werden kann. Durch den Klimawandel verändert sich zunehmend die Art der Notlagen, in die Abenteurer so geraten: Die trockenen und heißen Sommer der letzten Jahre haben neben Wasserknappheit für Mensch und Tier auch zu vermehrten Waldbränden geführt. In den nördlicheren Breitengraden (auch südlich der Subarktis) hingegen können die Nachttemperaturen schon im Sommer empfindlich fallen. Ich selbst habe in Neufundland schon im August bei Minustemperaturen gezeltet – seien Sie versichert, das ist kein Vergnügen.

Die großen Entfernungen, verbunden mit mangelnder Infrastruktur, sind ein schwerwiegender Nachteil für die First Nations und Inuit, die nicht im kanadischen Speckgürtel leben. In Zeiten des Internets geht es natürlich vor allem um (nicht vorhandene oder zu teure) Bandbreite, aber das Problem existiert freilich schon viel länger.

Während die meisten Kanadier schon in den 1950er-Jahren Zugang zum Fernsehen hatten – teilweise gar mit Empfang US-amerikanischer Sender –, ist das Medium in den nördlichen Provinzen erst im Zuge des Einsatzes von Satelliten flächendeckend angekommen. Bereits ab 1980 gab es erste Entwicklungen im Bereich des Rundfunks, der sich fortan auch um ein »Northern Native Broadcast Access Program«, also den Zugang zu indigenen Inhalten, bemühte. Mitte der 1980er-Jahre gab es schließlich die ersten Fernsehausstrahlungen und 1991 den ersten offiziellen Kanal: *Television Northern Canada* (TVNC). 1999 wurde das *Aboriginal Peoples Television Network* (APTN) gegründet, der erste Sender, der komplett von indigenen Mitarbeitern geführt wird und Inhalte produziert, die das eigene Publikum interessieren, Kultur und Sprache bewahren und bundesweit (inzwischen sogar weltweit) ausgestrahlt werden. Während natürlich auch Nachrichten, Sport, Unterhaltung und die unvermeidlichen Kochshows gesendet werden, sind die Dokumentarformate hier ausgesprochen interessant. Wer Kanada aus Sicht der Métis, First Nations und Inuit kennenlernen möchte, sollte APTN einschalten. Das geht, wie gesagt, auch weltweit über das Internet.

Zu guter Letzt werde ich häufig gefragt, wohin man denn reisen soll, wenn einen speziell die First Nations interessieren. Das lässt sich pauschal nicht sagen. Allerdings haben alle Provinzen *Aboriginal Learning Centers*, also Orte und Begegnungsstätten, an denen man sich informieren kann, und die häufig auch verschiedene Programme zu Kultur, Traditionen und Lebensweisen in der jeweiligen Region anbieten.

Ich selbst liebe Roadtrips, das Eintauchen in weite Landschaften und das Meistern langer Strecken. Eine der schönsten Routen hierfür ist die »Totem Circle Tour« in British Columbia, die in einer Rundtour etwa 2500 Kilometer durch die Provinz führt. Hier gibt es historische, aber auch zeitgenössische Orte, an denen man First Nations und Métis begegnen kann. Die atemberaubenden Panoramen zwischen Bergen und Pazifik, Fjorden und Regenwäldern kann jeder in seinem ganz eigenen Tempo erleben. Zehn Tage sollten es aber schon sein, denn jeder Tag birgt neue Überraschungen und bietet die Möglichkeit, unglaublich freundliche Menschen kennenzulernen und ganz unterschiedliche indianische Kulturen zu erfahren.

Was Museen angeht, habe ich zwei Favoriten. Das Royal Alberta Museum (RAM) in Edmonton gehört in seiner Gesamtheit fraglos zu den besten Museen Kanadas. Es beinhaltet auch eine großartige Sammlung von über 18 000 Exponaten indigener Kunst und Kultur, von denen die ältesten aus der Mitte des 18. Jahrhunderts stammen. Der Schwerpunkt liegt auf den Nêhiyawak (Plains Cree), Niitsitapi (Blackfoot), Dene und Métis. Sowohl die Präsentation als auch die museumspädagogische Arbeit sind vorbildlich und zeitgemäß.

Im Yukon Territory liegt das kleine Dorf Teslin bei Kilometer 1244 (historischer Meilenstein 804) am Alaska-Highway. In Teslin und Umgebung leben heute rund 400 Menschen, die meisten von ihnen sind Tlingit, die Jagd, Fischerei oder Handwerk betreiben. Der Ort war bis Ende des 19. Jahrhunderts nicht ganzjährig besiedelt, sondern hauptsächlich das Sommerlager der Küsten-Tlingit. Die erste feste Siedlung entstand während des Klondike-Goldrauschs 1898, in dessen Folge die Hudson Bay Company ab 1903 einen Handelsposten dort einrichtete.

Hier am Teslin-See gibt es das Heritage Centre der Inland-Tlingit, ein Ableger der Tlingit in Alaska. Begrüßt wird man neben einer Reihe eindrucksvoller Totempfähle, die den Zugang säumen, mit einem freundlichen »Mà sá iyatì?« (dt. *Wie geht es Ihnen?*). Das ist ganz anders gemeint als das nordamerikanische »How are you?«, die von Deutschen häufig als oberflächlich empfundene Begrüßungsfloskel. Das kleine Museum mit seiner Begegnungsstätte ist ein familiärer Ort, an dem einerseits offen über die Lebensweisen, aber auch über die Probleme der Tlingit im Yukon erzählt wird. Zugleich findet hier ein echter Austausch statt. In der Nebensaison ist das Museum eigentlich geschlossen, aber wer vorher anruft, wird empfangen wie ein alter Bekannter.

Obwohl es manche junge Erwachsene der Tlingit in die Städte zieht, bleiben viele auch hier in der traumhaften Natur, in der schon Generationen ihrer Vorfahren gelebt haben. Die Besucher, die an den See kommen, sind ein bisschen wie ihr Fenster zur Welt. Als Reisender sollte man meiner Meinung nach nicht nur selbst neue Erfahrungen sammeln, sondern auch die eigenen weitergeben. Hier haben Sie dazu die Chance.

Eis und Gold: Kanadas wahrer Norden

This is the law of the Yukon,
that only the strong shall thrive;
that surely the weak shall perish,
and only the fit survive.
– Robert Service, Dichter (1874–1958)

Als meine Familie und ich beschlossen, den Jahreswechsel 2019 im Yukon Territory zu verbringen, ernteten wir bei den meisten unserer Freunde Kopfschütteln. Was will man denn zu dieser Zeit da oben im Norden, in dieser klirrenden Kälte? Wir flogen mit zwei Zwischenstopps über Edmonton und Vancouver nach Whitehorse, in die Hauptstadt des Yukon* – und tatsächlich mit seinen 25 000 Bewohnern die einzige kanadische »Metropole« im Umkreis von 2000 Kilometern. Am Stadtrand hatten wir eine Lodge in der Nähe

* *Der* Yukon meint den gleichnamigen Fluss, *das* Yukon wiederum das Territory. Im kanadischen Englisch heißt es korrekt »in the Yukon«, wenn man das Territory meint, daher im Deutschen »im Yukon«.

des Fish Lake gemietet, einem See, der sich wildromantisch durch enge Schluchten schlängelt. Jeder Karl-May-Leser hätte sofort das Gefühl, hier zu Hause zu sein, wenn da nicht die Schneemassen und die dicke Eisschicht am Ufer des Sees wären. Ich kenne die Polarregion in Europa ganz gut und liebe sie besonders im Winter, aber im Yukon ist sie noch extremer, noch gewaltiger und noch stiller. Und diese Luft! Whitehorse hat nämlich einen bemerkenswerten Eintrag im Guinnessbuch der Rekorde, und zwar als die Stadt mit der weltweit geringsten Luftverschmutzung. Und das merkt man! Die Temperaturen waren bei unserem Besuch ungewöhnlich moderat, nur rund fünfzehn Grad unter null, während hier in extremeren Wintern auch schon minus 56 Grad gemessen wurden.

Am Silvesternachmittag folgten wir der Einladung eines deutschen Freundes. Wir besuchten Werner Walcher und seine Frau Maria in ihrem wunderbar anheimelnden Blockhaus am Klondike-Highway mit freiem Blick auf den Mount Lorne. Dass sie überhaupt Zeit für uns hatten, war an sich schon ein Wunder, denn sie erwarteten am Abend eine größere Gesellschaft, und am nächsten Morgen würde sich Werner mit einigen Touristen für mehrere Tage in die Wildnis begeben – er ist ein viel gefragter Guide sowohl im Yukon als auch den angrenzenden arktischen Territorien. Doch die beiden bewirteten uns völlig tiefenentspannt mit Unmengen an Kirschkuchen und Schlagsahne, Keksen und Plätzchen, Kaffee und Tee und stillten nebenbei geduldig meinen Wissensdurst. Eine Frage wie »Was wollt ihr denn ausgerechnet jetzt hier im Norden?« würde Werner nie in den Sinn kommen. Schon seine Mail mit der Wegbeschreibung endete mit »Willkommen im Süden!«, und ich dachte zunächst, er meinte damit, dass sein Anwesen südlich von Whitehorse liegt. Aber

Irrtum! Für Werner, der hier seit 25 Jahren lebt, gilt wie für fast alle Yukoner: »Wir leben im Süden!« Denn der Norden beginnt für sie am Polarkreis, in der Arktis – und bis dahin sind es von Whitehorse aus noch ganze 650 Kilometer.

Doch das war bei Weitem nicht alles, was ich an diesem Nachmittag lernte. Viele Urlauber, die das Yukon ansteuern, sind auf der Jagd nach Polarlichtern, und Werner unterstützt sie dabei nach Kräften. Manchmal entstehen sie wie erwartet, dann wieder nicht. Es sind recht unplanbare Ereignisse, und wer seine Reise nur auf das Sichten von Polarlichtern ausrichtet, ist am Ende vielleicht grundlos enttäuscht, weil ihm so viele andere einzigartige Erfahrungen entgangen sind. Zum Beispiel die Begegnung mit Tieren, die man nur hier machen kann: Im Yukon tummeln sich Karibus (die nordamerikanische Variante der Rentiere), Elche, Schneeziegen, Bisons, Wapitis und Wölfe. Bergpumas dringen infolge des Klimawandels ebenfalls immer stärker in Richtung Norden vor. Grizzly- und Schwarzbären gibt es dagegen schon seit Menschengedenken, und doch hat sich etwas geändert: Früher belächelten Einheimische die Panik von Besuchern vor den ziemlich unwahrscheinlichen Bärenattacken. Bedingt durch den Klimawandel erwachen die Bären jedoch inzwischen zu früh aus ihrem Winterschlaf, sind desorientiert, hungrig und daher tatsächlich hochgefährlich.

Für Großstädter können aber schon viel simplere Dinge zur Herausforderung werden. Zum Beispiel das Lagerfeuer in der Wildnis gleich mit dem ersten Streichholz anzuzünden, denn mit diesem kleinen Test müssen sie sich für weitere Unternehmungen mit Werner qualifizieren. Manche Touristen haben keine Ahnung, worauf sie sich einlassen, und ihnen hilft der erfahrene Guide gegebenenfalls sogar mit dem Verleih von Thermounterwäsche aus. Aber die meisten haben recht genaue Vorstellungen, und je nach Jahreszeit ist im Yukon vieles möglich, Touren mit dem Kanu – oder im Hundeschlitten. In Kooperation mit der Standesbeamtin Sheila Dodd bietet Werner auch »Wilderness Weddings« an, also Hochzeiten in freier Wildbahn. Sheila hat eine ganze Palette an Locations zur Auswahl, um sich das Jawort zu geben, von der Bergspitze bis zur heißen Thermalquelle. Unter anderem bietet sie auch ihr eigenes Zuhause am See an, in dem immerhin 125 Hochzeitsgäste Platz finden.

Die landschaftliche Schönheit des Yukon sticht auf den ersten Blick ins Auge. Doch es gibt auch ein paar Orte zu entdecken, die viel darüber verraten, wie hart das Leben in der Abgeschiedenheit früher gewesen sein muss. Gleich neben Werners Anwesen befindet sich das Robinson Roadhouse, ein 1906 errichtetes Rasthaus samt Poststation und eines der sehr wenigen authentischen Überbleibsel aus der Zeit des legendären Klondike-Goldrausches. Der an sich wenig spektakuläre Gebäudekomplex wird sehr viel interessanter, wenn man weiß, dass er ausschließlich mit Äxten (ohne Sägen!) aus Baumstämmen errichtet wurde und kein einziger Nagel Verwendung fand. Das Roadhouse ist ein nördlicher Ausläufer des etwa dreißig Kilometer entfernten Örtchens Carcross, das trotz seiner Winzigkeit und den gerade einmal 300 Bewohnern (die meisten gehören zur Carcross/Tagish Nation) so voller Geschichten steckt wie kaum ein zweiter Ort im Yukon. Das beginnt schon mit dem Namen, der nicht etwa »Autokreuzung« oder Ähnliches bedeutet, sondern abgekürzt für »Caribou Crossing« steht, denn bevor hier die Goldgräber auftauchten, war die Gegend berühmt für ihre riesigen Karibuherden. Der Ort selbst entstand 1896 als Zwischenstopp für die Glücksritter auf dem Weg zum Klondike River bei Dawson, 240 Kilometer unterhalb des Polarkreises.

Dort war im selben Jahr von zwei Angehörigen der Tagish, darunter ein Mann mit dem Spitznamen »Dawson Charlie«, Gold in großen Mengen gefunden worden. Die Nachricht verbreitete sich wie ein Lauffeuer bis in die USA und wenig später gar bis nach Europa und Australien. Einer der ersten Amerikaner, die sich sofort auf den Weg nach Dawson machten, war ein gewisser Jack London, der allerdings vor allem die Entbehrungen zu spüren bekam, schließlich an Skorbut erkrankte und nach wenigen Jahren völlig mittellos in seine kalifornische Heimat zurückkehrte. Seine Erlebnisse verarbeitete er in Romanen wie *White Fang* (dt. *Wolfsblut), The Call of the Wild* (dt. *Ruf der Wildnis)* oder *Burning Daylight* (dt. *Lockruf des Goldes)*, die ihn schon zu Lebzeiten weltberühmt und am Ende zu einem reichen Mann machten.

Dem gleichen Lockruf folgten innerhalb weniger Jahre etwa 100 000 Abenteurer, von denen es aber kaum die Hälfte über die mörderischen Bergpässe bis ans Ziel schaffte. Wiederum nur sehr wenige konnten sich einen lukrativen Claim sichern und diesen ausbeuten. Dawson City wuchs zwar rasend schnell zur größten Stadt nördlich von Seattle an, schrumpfte aber ebenso rasch zur Geisterstadt, als der Goldboom kurz nach 1900 wieder verebbte. Heute ist Dawson eine Art Museumsstadt, und die meisten Gebäude sind lediglich zeitgenössische Rekonstruktionen, sodass ich es fast spannender finde, nach Spuren abseits des Klondike River zu schauen.

Carcross etwa verfügt über einen pittoresken, sorgfältig restaurierten Bahnhof aus der Goldrausch-Ära. Hier schnaufen heute auch wieder die historischen Eisenbahnzüge der *White Pass & Yukon Route Railway* vorbei, die Skagway/Alaska mit Whitehorse verbinden. Früher passierten bis zu 25 Züge täglich die Stadt, vollgestopft mit Minenarbeitern und Goldsuchern. Heute erfreuen sich Touristen an einer der malerischsten Bahnstrecken der Welt, darunter sogar einmal Königin Elisabeth II. und Prinz Philip bei einem Besuch im Yukon 1959. Ganz bis nach Dawson schaffte es allerdings nur Philip, angeblich war der Königin nach dem Verzehr von verdorbenem Elchfleisch schlecht geworden. Die Wahrheit hielt man lieber noch ein wenig geheim – natürlich war sie eigentlich schwanger und litt an Morgenübelkeit.

2016 statteten Prinz William und seine Frau Kate Carcross einen eintägigen Besuch ab und bestiegen hier ebenfalls die Eisenbahn. Jedoch fehlte in ihrem Programm das legendäre Caribou Hotel, weil es sich im Umbau befand und geschlossen war. Mit diesem Hotel hat es eine mehr als seltsame Bewandtnis. Ursprünglich stand es unter anderem Namen etwas südlicher in Bennett, British Columbia, einer weiteren Zwischenstation der Goldgräber. Hauptkonkurrent des Hotels war das nur ein paar Schritte entfernte Arctic Hotel eines gewissen Friedrich Trump, dem aus Deutschland stammenden Großvater des späteren US-Präsidenten Donald Trump, der dort den Grundstein für das Familienvermögen legte. Das Arctic war eine wilde Mischung aus Absteige, Schnapsladen, Restaurant mit feiner Küche – und Bordell. Als die Eisenbahnlinie allerdings um 1900 ihren Betrieb aufnahm, fuhr sie ohne Halt durch Bennett, und der Ort wurde umgehend zur Geisterstadt. Die vielen, eben erst fertiggestellten Gebäude wollte man aber nicht abreißen. Einige wurden schließlich auf Lastkähne gehievt und über den Bennett Lake bis nach Carcross verschifft, so auch das Caribou Hotel. Hier wurde es von keinem anderen als »Dawson Charlie« gekauft – der den Goldrausch mitausgelöst hatte und damit sein Vermögen gewinnbringend anlegen wollte. Lange konnte er sich nicht am Kauf erfreuen, denn zu Weihnachten 1908 stürzte er in Carcross von der neuen Eisenbahnbrücke und ertrank in den eisigen Fluten des Bennett Lake.

Dies war der Auftakt einer ganzen Reihe von Schicksalsschlägen, die die jeweiligen Besitzer des Hotels ereilten. 1909 brannte das Hotel nieder und musste von dem Ehepaar Edwin und Bessie Gideon, die es damals eben erst erstanden hatten, von Grund auf neu errichtet werden. Edwin verstarb 1925, Bessie acht Jahre später – am gleichen Tag. Doch offensichtlich fand sie nie Ruhe, denn die Gäste des Hotels schworen bald Stein und Bein, dass Bessie ihnen als Gespenst erschienen sei, durch die Räume schwebend, von außen durch die Fenster schauend, manchmal klopfend und polternd, manchmal nur traurig und still. Die Berichte rissen nicht ab, und 2015 wurde Bessie sogar als Geist auf einer Briefmarke der kanadischen Post verewigt. Im Jahr 2004, zu Weihnachten, wurde dann Robert Olson, der das Caribou in der zweiten Generation führte, an der Hotelbar von zwei Männern umgebracht.

Die heutigen Besitzer Anne Morgan und Jamie Toole ahnten von diesen Geschichten wohl nichts, als sie das Hotel 2006 erwarben. Seither wird es von ihnen aufwendig restauriert. Im Sommer 2019 wurde die Bar wiedereröffnet, inklusive der originalen Registrierkasse von 1898, Restaurant und Hotel sollen folgen.

Die denkwürdigste Geschichte des Caribou hat immerhin nur zu Beginn mit einem tragischen Tod zu tun. Sie betrifft den berühmtesten Gast des Hotels, »Polly the Parrott«, einen trotz seines Namens männlichen Papagei. Eigentlich sollte sein Aufenthalt hier nur von kurzer Dauer sein, als er 1918 von seinem Halter, einem Minenbesitzer namens James Alexander, in Bessies Obhut gegeben wurde. Dieser hatte Polly wiederum von einem Goldsucher aus Vancouver erworben, der den Papagei zwanzig Jahre zuvor über die Pässe bis nach Klondike mitgeschleppt hatte. James plante eine Exkursion und wollte dem armen Vogel keine weiteren Reisestrapazen zumuten. Doch James kehrte nicht mehr zurück. Er und seine Frau waren unter den Opfern eines Schiffsunglücks auf der SS Princess Sophia, bei dem alle Passagiere vor Alaska elendig ums Leben kamen.

Also blieb Polly als Maskottchen bei Bessie im Caribou. Er hockte in einem Käfig auf dem Tresen und schnappte alle erdenklichen Flüche und Schimpfworte auf, die er bei jeder passenden oder unpassenden Gelegenheit wiedergab. Es dauerte nicht lange, und Polly wurde zum Alkoholiker. Allzu gerne füllten die Gäste Whiskey in den Wassernapf, den er in irrer Geschwindigkeit immer wieder leerte, woraufhin er nicht selten von seiner Stange auf den Rücken fiel und laut zu schnarchen begann. Seiner Gesundheit scheint es nicht geschadet zu haben, denn als er 1972 starb, dürfte er etwa hundert Jahre alt gewesen sein. Die älteren Bewohner von Carcross haben ihn noch in lebhafter Erinnerung. Pollys Beisetzung geriet zum überregionalen Ereignis. Der standesgemäße Grabstein aus Bronze samt einem Epitaph in Versen kann heute noch auf dem Friedhof von Carcross bewundert werden, ganz im Gegensatz zu dem Grab von Bessie, das aus unerklärlichen Gründen, jedoch durchaus passend für einen Geist, verschollen scheint.

Als wir an jenem Silvesterabend Carcross verließen, gab uns eine Frau an einer Tankstelle folgende Weisheit mit auf den Weg: Das erste wilde Tier, dem wir im neuen Jahr begegnen würden, sei unser Totemtier und würde uns in den kommenden Monaten spirituell begleiten. Mein Mann und ich sahen am Neujahrsmorgen beide erstmals einen einsamen Wolf in freier Wildbahn im Kluane-Nationalpark. In der Welt der First Nations steht der Wolf für eine tiefe Verbindung zu den Urinstinkten und den Ruf nach Freiheit. Beides erfüllt sich für uns in Kanada ganz besonders. Unser Sohn hingegen entdeckte wenig später ein Karibu …

Kanada heute – und in Zukunft?

Lange schon warteten treue Leserinnen und Leser der *Gebrauchsanweisungen* auf einen Band über Kanada. Als ich dafür angefragt wurde, war ich begeistert und konnte mir keinen schöneren Auftrag vorstellen, als über meine Liebe und Begeisterung für Kanada zu schreiben. Das war, bevor COVID 19 unser aller Leben grundlegend verändern sollte. Natürlich bleibt die Hoffnung, dass vieles von dem, was ich in diesem Buch schreibe, zeitlos ist und auch noch in ein paar Jahren Lust darauf macht, es selbst zu entdecken. Die derzeitigen Einschränkungen werden dann hoffentlich aufgehoben, Hygieneregeln weitgehend überflüssig und das Reisen wieder möglich sein – Freiheit!

Viele Begleiterscheinungen der Pandemie hat der Kanadier (mehr oder weniger) klaglos ertragen. Was jedoch für ein Land dieser Größe, eine Wirtschaftsmacht und nicht zuletzt eine Bevölkerung, deren Wurzeln zu einem Gutteil im Ausland liegen, besonders schmerzhaft ist, sind die derzeit geschlossenen Grenzen. Ob Familien, die seit Jahrhunderten dies- und jenseits der kanadisch-amerikanischen Grenze leben, Studierende aus den USA und Europa oder Liebespaare aus aller Welt – man muss kein Tourist sein, um die Beschränkungen, die Kanada seit März 2020 eingeführt hat, in all ihrer Deutlichkeit zu erleben.

Unzählige Hotels, Restaurants und Reiseveranstalter sind während der Pandemie in ganz Kanada pleitegegangen. Traditionsunternehmen, viele davon in der x-ten Generation, haben nicht überlebt. Vielleicht auch einige der von mir beschriebenen. Es bleibt mir nur zu hoffen, dass der Großteil durchhält und uns auch nach der Pandemie noch willkommen heißt. Garantieren kann ich es nicht.

Der kanadische Alltag hat sich in vielerlei Weise verändert. In Wirtschaft und Medizin sind Telearbeitsplätze eine weitgehende Selbstverständlichkeit geworden. Der Kanadier schätzt die neue Unabhängigkeit, die das Homeoffice bietet – so sehr, dass viele aus den teuren Ballungszentren aufs Land ziehen, um nebenher Obst und Gemüse anzubauen und eine höhere Lebensqualität zu genießen. Ob die »verwöhnten Städter« es allerdings dauerhaft in einer Provinz aushalten, deren Infrastruktur nicht für ihre Standards ausgerichtet ist, wird man sehen müssen.

Auch die Arbeitszeiten haben sich aufgeweicht. War *9 to 5* in Kanada spätestens seit der zweiten Hälfte des 20. Jahrhunderts die typische Bürozeit, haben sich individuelle Anwesenheitszeiten ebenso eingebürgert wie der Versuch einer besseren Work-Life-Balance: Die Viertagewoche ist das neu erklärte Ziel vieler Firmen und Kommunen.

Sehr erfreulich war für uns die Einführung der Videosprechstunden. Gerade wer krank ist, möchte sich ja ungern in ein Wartezimmer mit anderen Patienten setzen. Nur noch in bestimmten Fällen ist es notwendig, persönlich in die Praxis zu kommen. Kennt der Arzt den Patienten und handelt es sich um alltägliche Beschwerden, wird erst einmal per Videokonferenz beraten. Selbst mein jugendlicher Sohn und seine aus Polen stammende Kinderärztin, die auf die siebzig zugeht, nutzen dieses Medium, als wäre es noch nie anders gewesen. Am Ende der letzten Sprechstunde scherzte mein Junior: »Und wie bekomme ich jetzt meinen Lolly?« Schlagfertig antwortete die Ärztin, dass ich dafür zuständig sei, schließlich hätte ich keinen Parkschein lösen müssen und so Geld gespart.

Diese Fähigkeit der Kanadier, in einer noch so tristen Situation immer das Positive zu sehen, baut in der Tat auf. Auch die Sensibilität, was die Bedeutung von Worten angeht. Sprach man am Anfang der Pandemie noch von »Social Distancing«, ging man rasch dazu über, es »Physical Distancing« zu nennen. Schließlich soll man keinen sozialen Abstand halten, sondern körperlichen. Worte erschaffen Welten, und der Mensch kann, im Sinne einer geistigen Freiheit, selbst entscheiden, in was für einem Umfeld er leben möchte. Das ist es, was ich aus der Zeit der Pandemie in Kanada mitnehme. Dass es hier Menschen gibt, die ähnliche Dinge schätzen wie ich. Die den gesellschaftlichen Zusammenhalt als eines ihrer höchsten Güter ansehen und die bereit sind, dafür an einem Strang zu ziehen.

Apropos Strang. Eine Geschichte muss ich dann doch noch erzählen. Frage ich heute die Menschen in Nova Scotia, wer ihr Held ist, kommt die Antwort bei vielen wie aus der Pistole geschossen: »Strang. Doctor Robert Strang.« Er ist der höchste Gesundheitsbeamte der Provinz und spricht die Maßnahmen zur Eindämmung der Pandemie mit dem hiesigen Premier ab. Strang, Jahrgang 1960, kennen die Menschen von den regelmäßigen Pressekonferenzen, die im Internet übertragen werden und bei denen er jeweils die neuesten Infektionszahlen sowie Bitten, Mahnungen und Verbote ausspricht. Dabei wirkt er keineswegs wie ein Politiker oder Bürokrat (der er eigentlich ist), sondern wie der nette Onkel Doktor von nebenan. Vielleicht ist das sein Geheimnis. Er ist nahbar und lässt die Menschen wissen, wie furchtbar er selbst manche Einschränkungen findet. Strang erhält Fanpost, öffentliche Lobeshymnen und so manches hausgemachte Geschenk. Treue Zuschauer seiner Pressetermine konnten rasch sein Faible für karierte Krawatten ausmachen, was ihm einen Schwung an selbst genähten Tartan-Krawatten in der Weihnachtszeit einbrachte. Der ehemalige professionelle Rugbyspieler ist ein bescheidener Mensch und kann das Aufheben um seine Person nicht so richtig verstehen. Kein Wunder also, dass er fand, deutlich zu viele Schlipse erhalten zu haben. Kurzerhand dekorierte er einen Weihnachtsbaum nur mit Krawatten und versteigerte ihn für einen guten Zweck. Es sind Geschichten wie diese, die mich durch das letzte Jahr getragen haben. Die Tatsache, dass wir alle etwas dazu beitragen können, das Leben für unsere Nächsten leichter zu machen, und sei es nur durch ein Minimum an Mitgefühl und Achtsamkeit.

Dazu gehört auch die Rücksichtnahme im Verkehr. Viele kanadische Städte haben aufgrund der Abnahme des Pendlerverkehrs Fahrbahnen zugunsten der Radfahrer umgewidmet. Ein Trend, der sich großer Beliebtheit erfreut und inzwischen schon mancherorts dazu geführt hat, dass über eine Beibehaltung und sogar den Ausbau der Fahrradwege nachgedacht wird. Und während man in Kanada deutlich mehr zu Fuß unterwegs ist als südlich der Grenze, hat die Pandemie auch zu einer Renaissance des Flanierens, Spazierengehens und

Wanderns geführt. Der Kanadier hat aus der Not des Urlaubs auf Balkonien (engl. *staycation*) eine Tugend gemacht. Neue Wanderwege und Picknick-Spots werden inzwischen wie Geheimrezepte getauscht.

Diese Gebrauchsanweisung wäre sicher nicht die gleiche, wäre sie vor der Pandemie geschrieben und veröffentlicht worden. Aber die letzten Monate haben das, was den Kern von Kanada ausmacht, nicht verändert. Wenn überhaupt, haben sie die Menschen zusammenrücken lassen und die kanadischen Tugenden weiter geschärft. #NovaScotiaStrong ist ein häufig verwendeter Hashtag in den sozialen Medien. In gewisser Weise trifft er auf das ganze Land zu. Kanada ist ein starkes Land – mit all seinen Fehlern und Schwächen. Mir ist es Heimat geworden. Und: Ich weiß, dass alles gut ausgehen wird. *Everything will be alright.* Ganz bestimmt.

My Canadian Roadtrip – eine Playlist

If I Had $ 1 000 000 (Barenaked Ladies)
Black Velvet (Alannah Myles)
Constant Craving (k. d. lang)
Sway (Michael Bublé)
Run To You (Bryan Adams)
Don't Forget Me When I'm Gone (Glass Tiger)
The Safety Dance (Men Without Hats)
Mmm Mmm Mmm Mmm (Crash Test Dummies)
Blinding Lights (The Weeknd)
Angel (Sarah McLachlan)
Pour que tu m'aimes encore (Céline Dion)
Les Étoiles Filantes (Les Cowboys Fringants)
Complicated (Avril Lavigne)
Call Me Maybe (Carly Rae Jepsen)
Ironic (Alanis Morissette)
Amnesia (Ian Janes)
How You Remind Me (Nickelback)

You Ain't Seen Nothing Yet (Bachman-Turner Overdrive)
Suzanne (Leonard Cohen)
Big Yellow Taxi (Joni Mitchell)
Born To Be Wild (Steppenwolf)
Rockin' in the Free World (Neil Young)
The Unforgotten (iskwē)

Die Playlist ist auch online abrufbar: https://sptfy.com/a5cs

Folgen Sie mir für Neuigkeiten und Kuriosa aus meinem Alltag in Kanada in den Sozialen Medien unter @GebrauchsanweisungKanada auf Twitter und Instagram.

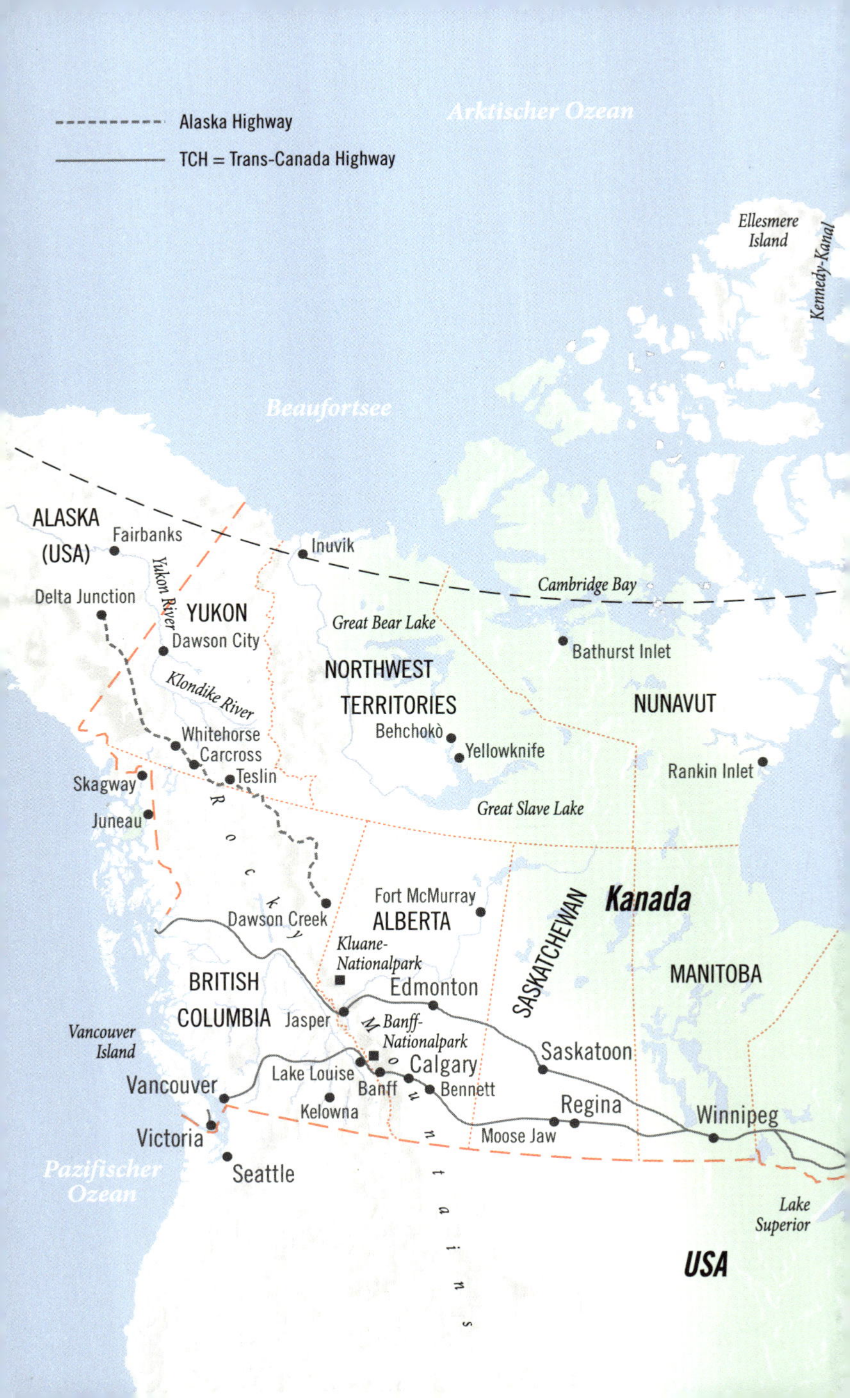

Alaska Highway
TCH = Trans-Canada Highway
Arktischer Ozean
Ellesmere Island
Kennedy-Kanal
Beaufortsee
ALASKA (USA)
Fairbanks
Inuvik
Cambridge Bay
Delta Junction
Yukon River
YUKON
Great Bear Lake
Dawson City
Bathurst Inlet
Klondike River
NORTHWEST TERRITORIES
NUNAVUT
Behchokò
Whitehorse
Carcross
Yellowknife
Skagway
Teslin
Rankin Inlet
Juneau
Great Slave Lake
Rocky Mountains
Fort McMurray
Kanada
Dawson Creek
ALBERTA
SASKATCHEWAN
Kluane-Nationalpark
MANITOBA
BRITISH COLUMBIA
Edmonton
Jasper
Vancouver Island
Banff-Nationalpark
Saskatoon
Calgary
Lake Louise
Vancouver
Banff
Bennett
Kelowna
Regina
Winnipeg
Victoria
Moose Jaw
Pazifischer Ozean
Seattle
Lake Superior
USA